謝謝你知道我愛你

在關係中，面對愛，接受愛，學習愛，放下愛。

洪仲清——著

自序——分享愛的最初

我人生當中，第一次很正式的聽廣播，是在高中。那個時候，為了專心唸書，獨自在校外租屋，但家裡又多事，一顆心兩頭牽掛。高雄的天氣熱情，當時租屋處沒冷氣，時常熱到全身是汗，晚上不好睡。

當時，就在無意中轉到了光禹大哥的節目。印象中，他似乎拿著吉他跟朋友嬉鬧歌唱，非常歡樂的感覺。眼睛或睜或閉，隨著聲音，想像無限蔓延，氣溫也像是清涼了些。

現在的年輕人，手機打開就有不少聲光刺激，大概很難體會，單純憑藉著聲音，能傳遞的溫度與營造的畫面。能靜下來好好享受聲音中的魔力，特別在夜裡，能夠洗滌白天累積的煩躁。

只是，當時小收音機收到的雜訊很多，印象中只聽了幾次，頻道一轉掉，又沒有播出的節目表，就自然而然沒辦法繼續收聽了。直到大學，在外租屋，恰逢飛碟電台

開台，又重新聽到光禹大哥的聲音。

從大學一直聽到研究所，我正接受許多心理學大師的思想薰陶。說實在話，光禹大哥的節目，根本就充滿了療癒的能量。光禹大哥鮮少出現負面語言，常給人溫暖與正面的話語，我甚至對照他講話的方式，跟會談技巧的關係，藉此偷學了一些回應與互動的口語。

我記得很清楚，我那時心裡想，如果我能像光禹大哥那樣分享，讓更多人產生力量，感覺暖心，不知道有多好？

到現在，二十多年了。現在打開網路線上收聽，光禹大哥的聲音仍在，那是多麼長遠的陪伴。就好像一位老朋友一直在，那種踏實、安全的感覺，實在難以取代。我跟孩子們一起工作，如果我也能有這樣的陪伴，是不是等到孩子們大了，對社會有貢獻的時候，一回頭，我還在，我也能帶給孩子們這樣的踏實與安全感？

二〇一五年年初新書《找一條回家的路》上市，書稿其實在更早之前的好幾個月就已經大致完成。在沒有特別的出版計畫的狀況下，我感覺，也許，我的文字對網路上的朋友，也有陪伴的作用。所以，我就盡可能一天兩篇，或長或短地寫。

文字鄙陋，但似乎能描繪出某些關係裡正在發生或曾經發生的困境，好像讓某些朋友能把事情想得更清楚一些。於是，有時候一坐下來就是一篇，有時候精神不濟也一篇，有時候斷斷續續也一篇，這樣一篇一篇，直到今天。

剛好，網路上的朋友提醒，是不是可以把這些文章集結出書，方便閱讀?!

我花了一個晚上的時間，訂定了一個臉書「分享」數字的門檻，把分享率高，又沒收錄到書中的文章挑出來。沒想到，竟然將近百篇，讓我十分驚訝。無意中，成就了這本書。

我想到，每逢重要節慶與假日的時候，有些在網路上寂寞的朋友，也需要被問候。我也經歷過那種每逢佳節倍思親的難受，或者在人生低潮，痛苦蝕心、無處出口的鬱悶。所以，重要的日子，我都盡可能守在網路旁邊，給留言的朋友一些即時的祝福。最近我的手機能上網，就更方便了。

我在想，我現在做的事，能不能對得起年輕時候的自己?很多事，我處理不好，是不是，陪伴這件事，我能多盡一點心?

元旦的時候，光禹大哥的夜光家族節目，舉辦了分享閱讀的活動，作為資深家族朋友的我也參與了。光禹大哥常在空中營造溫暖，並四處分享，分享愛與關懷。現在這個社會，這麼用心做這件事的人，實在不多了。

光禹大哥還寄了一張親筆卡片，看著這張卡片，然後閉上眼。彷彿能回到分享愛的最初，高中、大學、研究所、出社會工作……

CHAPTER 3 尊重．不完美

CONTENTS

CHAPTER 4

情緒

CHAPTER 5
父母孩子心

CHAPTER 1

愛

關係中的孤單

當我們進入一段關係，我們開始感到孤單，有多種原因。其中，有兩個很重要的狀態，值得我們深思：第一，我們覺得對方越來越陌生，我們越來越不了解對方；第二，我們過於習慣對方的存在，以至於我們忘記怎麼獨處。

換個方式說，當我們在關係中開始感到孤單，可能是由於兩種狀態：第一，對方給我們的愛越來越少；第二，我們給自己的愛越來越少。

沒有誰，包括我們的父母，能保證給我們永不匱乏的愛。有時候，不是對方不願意，而是對方也要面對自己的人生困境，無暇他顧。

當我們愛上了一個人，通常，我們把部分的自己交給了對方。我們希望對方滿足我們的需求，我們常常是先想著，在關係中能接收到什麼，才選擇在心理上投入這段關係。

只是，我們要學習依賴，又不讓對方感受到過大的壓力，那常奠基在我們有堅強與清楚的自我。也就是，即便在關係中，我們仍然懂得享受獨處的快樂，我們懂得愛惜自己，那麼，我們更有機會跟對方互依互賴，但又不壓迫或感到無奈。

當我們愛一個人，是把「部分」的自己交給了對方，而不是把「全部」的自己交給了對方，其中的涵義是：第一，是我們個人的存在有獨特的價值，即使我們願意給出「全部」，對方也無力通盤接收；第二，是對方要負擔我們所有的需要，會好像被我們緊緊抓住一樣，當一個人被另一個人緊緊抓住，常常最自然的反射動作，是想逃，而不是想留。

此處所說的關係，若局限於情愛，那恐怕過於狹隘。

如果連我們自己，都不知道怎麼跟自己相處。那麼，我們跟對方相處，終究會有感到孤單的時候。

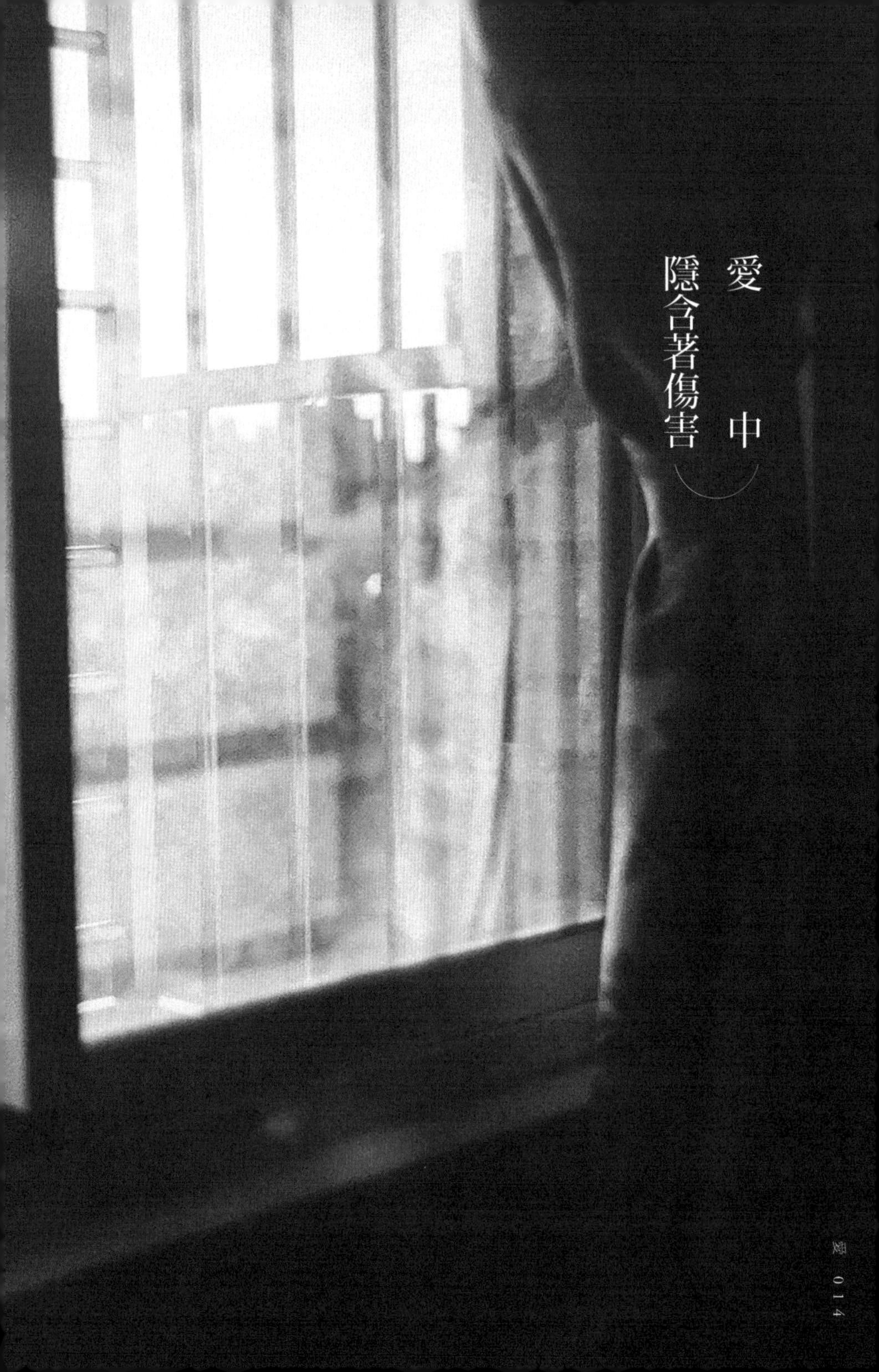

愛中隱含著傷害

當我們決定愛一個人，便給了他傷害我們的特許權。因為關係中的傷害，我們選擇離開，或者寒心以待。

然而，隨著歲月與成長，我們終於明白，愛中隱含著傷害的道理。於是，我們越來越懂得保護自己，減少傷害，或者學習面對傷害，並同時享受著關係中的滋養，這是有智慧的愛。

做自己的天使

當我們遇到挫折的時候，我們第一句對自己說的話，是什麼話？是鼓勵，或是安慰？還是責怪，或是鄙棄？

然後，我們想一想，我們小時候遇到挫折，也是像現在自己對待自己的方式一樣，被週遭的大人如此對待嗎？

如果當我們遇到挫折，我們對自己講的第一句話，常常能讓自己心頭暖暖的，有力量繼續前進，那也許是過去有人在我們心中種下了不可抹滅的愛。我們該感恩，然後試著把這樣的力量散播給我們所愛的人，那麼我們心中的愛便可能源源不絕。

如果當我們遇到挫折，我們對自己講的第一句話，常常讓自己喪氣又難堪，好像沒了動力，只想躲起來，那也許是過去我們沒得到過適當的對待。不過，別忘了，我們長大了，我們有能力當自己的天使。

當自己的天使，可以練習，不需猶豫，即刻去做就可以。像天使般輕柔地對自己說話，想像溫暖的光照著自己，掃過身體的每一個部分，潔白明亮，放鬆自己，眉頭變得平坦，休息片刻，繼續前進。

當自己的天使，從對自己說好話開始，慢慢地、柔柔地。

有智慧的愛

在愛裡面，粗略可分為「給愛」與「被愛」兩種角色。成熟的愛裡，一個人可能同時給愛與被愛。

我認識一位朋友，只想被愛，開口閉口就是說自己被愛的不夠。他也給愛，但是給的斤斤計較，被愛兩分，他才會給一分。於是，抱怨逐漸變成關係裡的主軸，終至由愛生恨，然後另覓佳偶，重新開始。

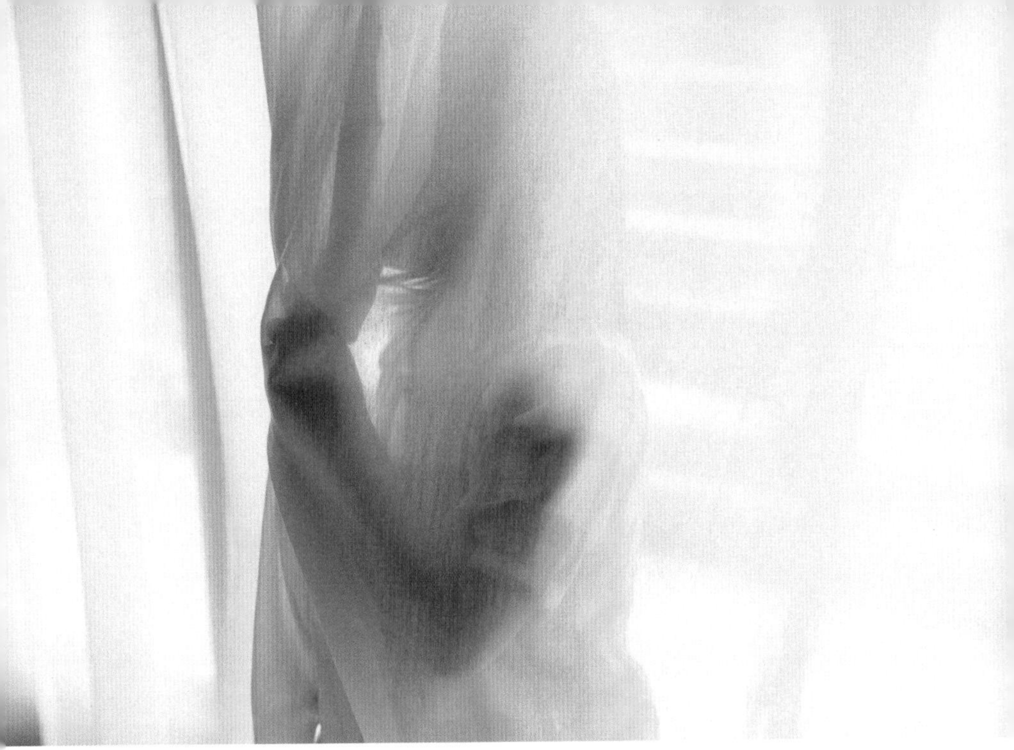

給愛，一般叫做關係經營，需要終身學習，常因人、因事、因地、因時而有諸多變化。給愛的過程，情緒不見得正向，常有討價還價，那是正常。

父母即便愛孩子，在零用錢問題上，常有攻防。情人即便相愛，對方開出的條件，也不能不經思考就照單全收。

有時候，給愛的表現，是放手、是離開。讓人柔腸寸斷，卻是因為愛。原來，愛與懼怕，愛與傷害，常分不開。

能承受懼怕與傷害，那才能給出寧靜綿長的愛。

謝謝妳知道我愛妳

有時候，我想孩子的時候，我的腦海會浮現一個畫面。那是孩子天真地說：「我想跟阿爸結婚，因為他很愛我！」

我欣喜若狂，我很清楚，她長大之後，就會有更「正確」的審美觀。可是，她清楚我對她的情感，這點讓我像是受了很大的肯定。

我還記得，有位家長說過：「我應該是這個世界上最愛他（兒子）的人，但是他應該很恨我！」

當過家長的人，大概不難體會這樣的落寞。這位家長安排了許多課程讓兒子上，對兒子的功課要求嚴格，暑假去補習比上學還累。基於他兒子常向我抱怨，我也勸過這位家長，但這位家長的觀念就是學歷至上。

至少，我跟孩子之間，不會落得這樣的處境。她知道我愛她，這是我們關係的根本，這是我對她所有情緒的基調。

曾經聽人說過：「對人最殘忍的對待，不是拒絕他，而是漠視他！」一個人的情感，被清楚地了解，其實很重要。她知道我愛她，比她愛不愛我，還要重要。因為，我知道，她愛的人，或是最愛的人，可以不是我，這是她的選擇，我無權決定，說不定，也不完全是她能自主決定。

有些親子，很難相處，因為個性天差地遠。父母愛孩子，雖是天性，但是搞到最後，互相傷害，痛恨彼此一輩子，那也不是沒這樣的例子。當子女的討厭父母，不想跟父母接近，甚至遺棄父母，在社會新聞中，時有所聞。

不過，我清楚，我對孩子的愛，是源自於我的需要。或者，說得明白些，說不定我愛的是我自己，而不是孩子。只是，她剛好掉入這個角色，成為我投射的對象而已。

所以，我會盡可能克制自己，「因為我愛妳，所以希望妳聽我的話……」，以愛之名，讓愛成為壓力。由愛生恐懼，因為擔心失去，所以把孩子禁錮在身邊，讓她無法自在呼吸，這我相當不願意。

所以，我要告訴孩子：「因為愛妳，所以我要學習愛我自己。等到我自己擁有了足夠的愛，那麼，我的愛將永遠與妳同在，不成為妳的負擔。不管妳愛不愛我，都不會失去我對妳的愛。」

愛與尊重

我們說我們內心真正愛一個人，但是表面上卻學不會尊重他，這實在說不太過去。「愛」是內心的感受，「尊重」是表現出來的態度與言行。

一般人與人之間的互動，就是要給彼此尊重了，何況是對自己所愛的人。所以，不少人也因此自責，為什麼對家人，我們還是出言不遜?!特別讓人後悔的是，帶著情緒出口的話，常常言過其實，甚至剛好跟本意相反！

話其實可以好好說，但是有些朋友提出疑問，對某些人，一定要話講得難聽才聽得進去，那怎麼辦？說真的，當我們用難聽話逼得一個人非聽不可，當然有成功的例子，然而，我相信失敗的也不少。然後，對人講難聽話，也許暫時事情能遂行我們的意願，但常有副作用，就是把某些問題延後處理罷了。

除非未來不用見面，要不然，我們給出去的惡意，會在之後相處的時候，用我們不見得能預料的方式，回饋給我們。

當我們講難聽話，先不管對方願不願意聽，特別是對家人，其實，我們已經先受傷了。我們講難聽話，就已經先擾亂了自己的平靜，然後再去影響家人的心境。

其實，有時候罵人、碎念會有效，那是因為對人造成了不好的感受，讓人感覺壓力很大，受不了才去做。可是，就算事情做好了，壓力也還不見得化解，繼續影響關係。有些人，就是因為這些留下來的情緒，有意無意地透過被動攻擊的方式，把情緒還回去。像是下次還是「忘記」，或者拖延，讓另一方氣得跳腳，又再來一次讓大家都不舒服的循環。

真要尊重對方，有些字眼就是盡可能不要出口。我們的生活周遭報章媒體，常用很激烈的措辭，我們要小心內省，就算是成人也容易被影響。

我認識一位先生，口才辨給，在公司擔任主管職。回到家之後，工作習慣沒拋乾淨，對家人講話也如同對員工，一氣起來，就是「人渣」、「敗類」這樣的字眼。太太反擊的能力不夠，但是只要累積的情緒一潰堤，就是好幾天冷戰不說話。家裡很多事就停擺，沒人得到好處。

不是只有大人該被尊重，不同年齡的人，也都可以試著給予不同的尊重。如果我們愛一個人，給予他尊重，真的不為過。

不過，尊重一個人要學，不同的人想要被尊重的方式也不同。這本來就不容易，這道理大部分的人也懂，只是日子過久了，習慣的互動模式定型了，就沒什麼動力改了，缺了一點提醒。但願這篇文章，能夠稍作提醒。

祝福各位，能給予愛與尊重，同時能感受到被愛與被尊重。

仰望天空

我喜歡仰望天空
因為她的風情萬千
也因為她的無垠浩瀚
讓我能借用宇宙的智慧

她總是提醒我
有人站得高遠
那麼苦難就變成一個小點
有人把它捧在眼前
那麼苦難就變成他的世界

有人以為苦難不會完結
於是停下腳步
漸漸與前進的時間脫軌
就越是以為苦難的影響無限

這一切，都只是過程，不是終點
「都會過去的！」她藉著風
把這句話送到我耳邊

那就分手啊

男朋友越愛她，她就越揮霍，揮霍他對她的愛。不順她的意就說：「那就分手啊！」

親子關係看久了，對情愛關係就會有更深一層的領悟。以愛為籌碼，逼對方就範，這是教養技巧中的「撤回愛」。

「你下次再考差，你就不要回來！」、「你再犯錯，就不要叫我爸爸，我沒有你這種兒子！」、「你是垃圾桶撿來的！」……

「你是垃圾桶撿來的！」這句話，我聽過一位朋友，開玩笑性質地對孩子講過。沒想到，孩子的反應很大，讓她相當後悔。

有些話真的不能說，也不需要拿來開玩笑。弄假成真，只是因為好玩、想測試，得不償失。

是不是小時候在親子關係裡，常被威脅要撤回愛，長大在情愛關係裡，就容易這樣對待他人？

我不確定，我沒涉獵相關研究。不過，就算有關，我想也是意料中的事，畢竟，父母在我們面前幾千次的示範，很可能讓我們無意識地模仿。

別人沒有按照我們的意思來做，那是每天都在發生的事，沒什麼大不了。連自己都控制不住的人，就想要一直控制別人。

我們不需要一定要對方聽話，才能感覺自在，不管對方是孩子，還是情人。我們沒那麼脆弱，讓別人有自己表達愛的方式，我們一樣能好好地活，又能同時享受對方的心意。

有些感情，別等到失去了才懂得珍惜。學習好好地對自己說話，然後，才能在感受到對方情意的時候，學習好好回應對方的情感，而不是害怕失去，而要測試、說反話。

讓人有安全感

要讓一個人在心理上有安全感，恐怕不是提供他多豐裕的物質條件。而是他流眼淚的時候，我們都在他身邊。

如果你就是覺得，自己需要物質來得到安全感。我相信不斷累積人生經驗之後，你會越來越了解，心理上的需求，靠物質只能滿足一點點。

故作堅強

堅強，常是為了保護其中的軟弱。

當一個人長久習慣故作堅強，他至少會經歷兩種辛苦：第一辛苦的是，他會忘掉自己也會軟弱，忘記給自己軟弱的權利；第二辛苦的是，別人會忘掉他也會軟弱，忘記給他軟弱的權利。

真正的堅強，是寧可冒險暴露自己的軟弱，也要追求自己的成長。成長要到達的目的地，是面對自己的軟弱時，同時也懂得堅強。

關係的保存期限

「感情是消耗品」，他如果早了解這句話，他就不會跟他的兒子決裂。他以為，親子關係就是命定，怎麼可能分離？

他也以為，鐵的紀律，就是對兒子的愛。這在老一輩可能比較行得通，現在社會環境改變了，男性的角色扮演，也越來越彈性。

「他很忙，比較不會表達自己的情感！」他兒子曾經這麼說。

或許，就是因為平常忙，看到兒子的時候，就儘可能抓緊時間，「教育」孩子。孩子小的時候，當然要求不多，父子也享受過一段美好天倫。可是，孩子長大了，脾氣跟爸爸一樣硬，衝突一次比一次劇烈。

孩子個性跟爸爸一樣果決，在念書的時候靠就學貸款與打工很快自立，未料，竟就此很少回家，甚至幾年完全沒踏進家門。還好，也許是孩子自己當了父親，對孩子的愛讓他懂得療癒自己心裡的缺憾，他又回家了。

萬一，孩子從此沒回來呢？

老死不相往來的例子我聽過，就算在家，彼此視如寇讎完全不對話的狀態，我身邊就有。更多一點的，是很少對話，一對話沒多久就想吵架。

關係不是當然，命運也許讓我們進入一段關係。不過，只有自己與對方，最後能決定要不要繼續在關係裡。

不只是親情，友情、愛情也可以借鏡。

有時候，我們建立新關係，是因為好奇、有趣。可是，願意讓我們長久待在關係裡的元素，是因為關係中還有愛。人不能只靠記憶而活，愛要時時經營、保鮮。

嚴格的愛不是不能有，但愛的本質很柔軟。不夠勇敢去冒險表達愛，讓對方只感覺到嚴格，那要對方非常成熟，都能從行為推知愛的本意才可以。理性上接受，還要情感上能夠承受。

關係的成立，除了人和，還有天時地利。關係的保存期限一過，請記得風度與祝福，也許舊的關係能再，新的關係能開展。傷害能轉化成力量，讓我們更懂得愛。

關係裡的幸福

不管是對著我們愛著的人，或者是想幫助的人，讓自己痛苦了，通常換不來他人的幸福。

在一個家庭裡，或者一段關係裡，通常，要先至少有一個幸福，才會讓另一方有幸福的可能。

懂得照顧好自己的人，比較可能懂得照顧好他人。

我們愛的人無法喜歡

情緒的深度與層次，有時候超過我們的想像。

她確定她愛家人，但她不喜歡家人。因為家人重男輕女，她的存在，好像永遠只是配菜。

她不是不愛她弟弟，只是弟弟一出生，她的角色，就從被照顧者變成照顧者。他媽媽最常說的話就是：「要照顧好弟弟！」

她盡可能不回家，因為一回家就是要面對陳年的傷。弟弟問題多，越大越吸引父母的注意力，連她都矛盾起來，一見到弟弟就是罵，罵完就不捨。又哀怨自己在家的位置如此輕微，罵得太重，又反被父母罵。

還好人可以透過自我教育，脫離原生家庭的陰影。她越努力，越有力量，越有自信，越能重新面對原生家庭。她在外磨練的待人接物的能力，解決了不少原生家庭的問題，讓她在家中，講話越來越有份量。

不過，家人依賴她，是因為她的能力，不是因為她這個人，她清清楚楚。她為此在意許久，所以她更渴望有一個溫暖的家。

她的渴望，讓她捍衛家庭完整的動機異常強烈。強烈到，她不自覺地又把原生家庭養成的習性帶到婚姻之中，她隱忍、她付出，她要另一半注意她的存在，似乎要把以前沒得到的注意，在這個新的家中一次補回來。

慢慢地，她注意到，她對先生出現了以前在原生家庭中出現的情感。她也不是不愛她先生，但是漸漸覺得他厭煩，感覺先生不夠尊重她，好像男生比較偉大……

只是，她撐著、拖著，沒讓家庭走向破裂，但是跟先生的感情也漸漸變淡，淡到好像只剩下煩。然後，這個循環，又出現在青春期的孩子身上。

這次，她警惕自己，得要踩煞車了，不能再陷入這種無謂的情緒糾結裡面。親人的過世也讓她想很多，情緒就是會來來去去的，沒什麼了不起。人生裡面，還有比情緒更重要的東西或價值。

她慢慢接受，愛一個人，也可以同時對他有種種負面情緒。不管我們對一個人的情緒，是高興還是生氣，關係的基礎都可以有愛。

她管理自己的情緒，讓情緒自在表達，但修正它們的幅度。不積累情緒，不勉強自己付出，懂得拒絕，找回自己的興趣。閒暇時看看書，聽聽演講，寫寫心情，到外面走一走。滿足自己，不求人，靠自己。

於是，這個時候，高興、生氣都沒關係。讓愛自然流動，那麼，關係與感情凝聚不散。情緒還是來，只是淡，淡到引不起什麼波瀾。

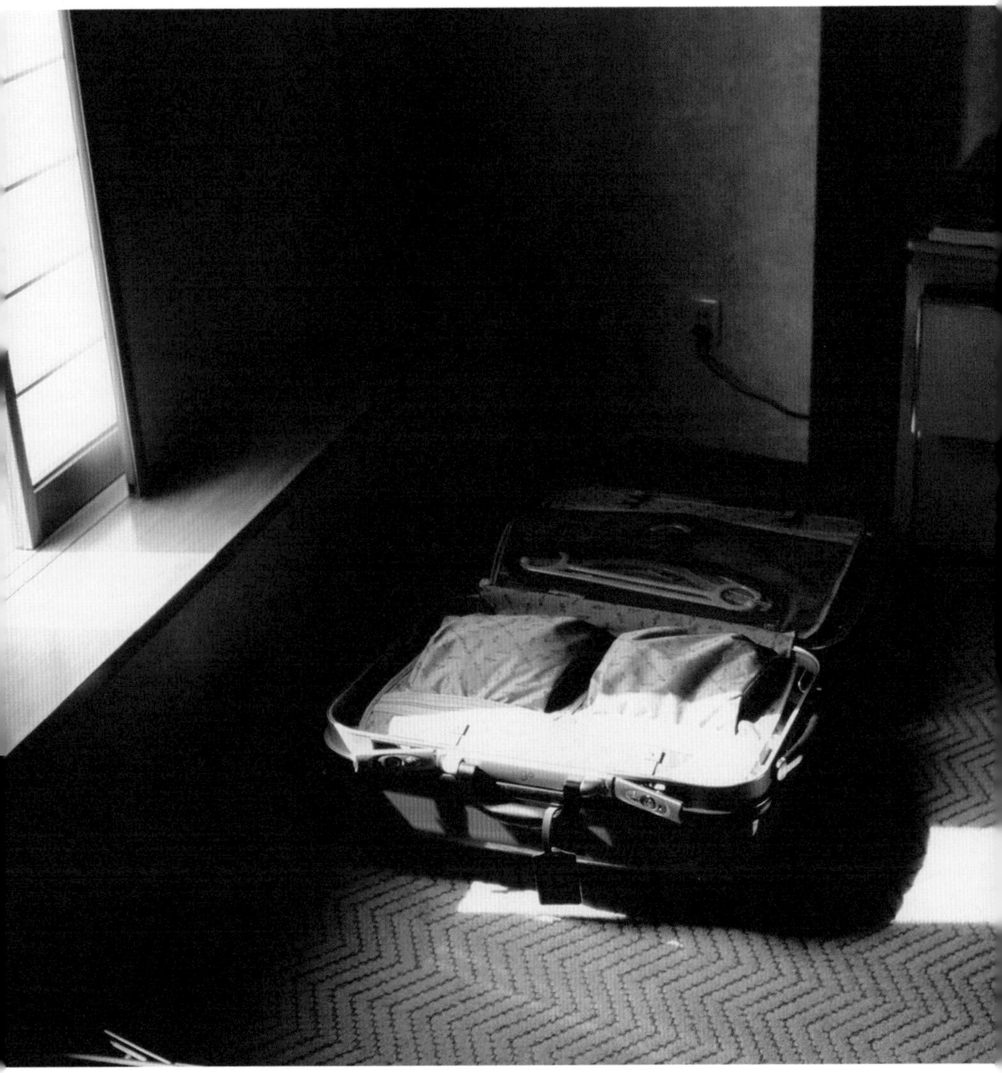

被傷害之後的愛

曾經跟年輕人討論他們的言語，有時候，他們真是沒辦法體會，那些無心言語對家長的傷害之重。

然後，我覺得我很有幸，能常常體會到父母對孩子的愛。儘管父母被傷害了，互動變少了，表面上看起來冷漠了、疏遠了，但是衣食住行的打理，仍然默默進行，無一遺漏。

愛一個人，真的是需要勇氣。然而，在被傷害之後，還能愛一個人，那股力量更為強大。親子之愛，常能讓我見證這樣的正面能量。

只是，被傷害之後，傷口碰了會痛。別強求自己成為情緒鋼鐵人，一下子就要自己回復「慈愛溫暖」的模樣，能勉強維持關係就不錯。沒有人能一直維持百分百的愛，

年輕人不懂事，或者在實驗自己的人生，忘了父母在後面陪著心疼。我此刻腦中浮現某位含著淚講孩子處境的媽媽，她成了夾心餅乾，夾在生氣的爸爸與常四處跟朋友晃蕩的孩子之間為難。

要幫助孩子，就別讓自己倒下。現代大部分父母對孩子在物質方面的照顧，真是比以往多得多了，少一點真的不會怎麼樣，還可能無意中訓練孩子的獨立，多抽一點時間來照顧自己的情緒。

許多正處在照顧老人與小孩之間的三明治父母，辛苦了，加油！

愛自己所以犧牲他人？

被朋友問到這個問題，我不意外。事實上，很多「愛自己」的論調，走到後來，跟自私幾乎劃上了等號。

明明手機沒壞，就拿買菜錢來追逐最新的高檔手機。明明房貸繳得辛苦，卻拋家棄子自己出國享受單身生活。不想扶養子女，或者外遇所以離家，卻在多年後年老時回頭要求子女奉養。太多例子告訴我，愛自己最後變成了擋箭牌，可以義正嚴辭地犧牲他人的權益，以供自己享樂。

換個角度來說，或許這叫「太愛自己」了。自己永遠是主角，其他人只是滿足自己存在的配角。那麼，就跟自戀很接近了。

愛自己最原本的初心，大概是把自己想說的話聽進去，然後根據環境的限制，來積極地回應。如果只是膨脹物慾，那確實是商人要每個人學會的「愛自己」，這樣的論述在主流社會被熱烈歡迎。

愛自己的基礎，是妥善地照顧自己，最根本的根本，就是維持健康。熬夜看連續劇、打電玩，不但健康受影響，工作、學習、家事的品質都下降，也更容易發脾氣，累積更多壓力。

偶一為之，真是痛快。長期如此，我們就得小心，我們是不是在逃避著什麼，所以寧可傷害自己的身體，來轉移注意力？

愛自己，也分短暫與長遠。現代上班族很辛苦，加班是常態，變相的責任制，工作帶回家，半夜還忙不完。這時候暫時犧牲健康，那是為了自己與全家溫飽，實在不得已。但長遠來看，消耗健康是透支未來，也還沒考量到潛藏的治療疾病的成本，還是該邊做邊看，是不是有機會調整工作型態，或者直接換一個工作？

少年不養生，老年養醫生。

在人我之間，愛自己，那是求取「你好，我也好」的平衡。可是，這「平衡」

二字，很難給予操作型定義，講來容易落入文字遊戲。勉強一個個案一個個案地來談，用「和諧」作為標準，來推敲來思量。

有一種常見的令人難熬的關係配對，便是一方常不滿足，一方委屈討好。不管哪一方有自覺，想改變，另一方難免不習慣，情緒波動因此是常態。從雙輸想進展到雙贏的狀態，兩個人沒一起成長，關係容易斷。

這時候，所謂愛自己，傷了他人感受的狀態，便很容易出現。但長遠來說，這樣的關係，本來就沒有人能多愉快，只是關係轉變的時候，既得利益者可能更不愉快而已。長痛不如短痛，這樣的轉變，正是從某一方脫離犧牲的狀態，進入更健康的關係而已。

在跟人互動的時候，維持健康的界線很重要。界線劃下去，講清楚遊戲規則的時候，剛開始會有人感受到不近人情。可是，要長期相處下去，這第一步很重要，不習慣久了，也就自在了。

要不然，界線模糊，來來去去測試與磨合，雙方都會累積許多不快，關係要長久就難。所以愛自己，聽清楚自己的聲音，稍微認清一點自己，在互動之初，可以省去後續許多麻煩。

如果關係伊始，就是為了逃離，而躲入關係。像是不想面對寂寞，或是想忘記另一段關係，或是想擺脫原生家庭的控制，那麼，進入關係之後才發現不對勁，缺憾沒辦法補完，那就要向另一方坦承，祈求共同成長。

關係不是買賣，契約訂好了就算。只是，如果對方堅持不改，我們還是應該盡可能過得寧靜自在，如果我們有力量，也別忘了扶對方一把，至少能表達和善。

要寧靜、能自在，心理層面的情緒管理技巧要學習。用減法過生活，生活簡單會少一點煩，恰恰好是膨脹物慾的相反。常自我對話，利用空檔時間舒緩身心，而不是手機一直滑啊滑，傷視力，心也不靜。

多跟所愛的人聊天，而不是跟著政論節目天天指控。真的跟自己談了深深的戀愛，旁人也能感覺到甜，便有了餘力去愛人。

抱歉，我的文字能力有限，只能用這樣美好但虛幻的印象，去勉強定義對自己的愛與不愛。希望更進一步地回答了朋友的問題，讓他勇於追求，站穩腳步，回過頭讓家人因為他過得好而終於安心明瞭。

別用小嬰兒的方式去愛

別用小嬰兒的方式去愛
情緒在最濃的時候，某一瞬間
我們會想託付全然的信任
甚至給出我們的全部
那一瞬我們想要長久
於是，我們繼續給
以致迷失了，迷失了自己
以致沒看清，對方已經不想要
我們還在傻等
傻等感覺再來
那種已不再的信任

別用小嬰兒的方式交換

情緒在最濃的時候，某一時

我們會想託付全然的信任

甚至給出我們的全部

那一瞬我們想要長久

我們繼續給

於是，　　，迷失

了，

CHAPTER 2

關係

完美的關係

曾經有一位朋友，告訴我，她走過人生風浪後的想法：「如果愛情能夠再重來，我不會再這麼要求完美了！」

關係不全然是坦途，裡面隱藏的坑坑洞洞，常把人絆跤。我們都有我們的期待，剛開始，我們都在關係裡面，跟自己互動。等到某些正面或負面的情緒淡了，發現我們的想像，與對方之間的失落，挫折感在所難免。

有人選擇說再見，或者沒辦法逃避的關係（例如：親子關係），那就選擇疏離、公事公辦……像是自己可以不必涉入情緒一般。有人則選擇修補，選擇找到另一種和諧的方式，持續相處。

關係不必然要堅持，特別是朋友、戀情、婚姻……有時候，見好就收，別等彼此互相傷害太深，那就變成了敵人，比沒有關係，對大家都更不利。然而，某些很不容易切割的關係，沒辦法一走了之。

在關係裡面，不斷累積挫折，還要學會調整自己，等待對方調整，或者等待某些時機成熟，那確實是一種考驗。這時候，最怕就是執著在完美，馬上就要自己或對方調整到定位，好像不完美，這段關係就令人生厭。

關係裡面的遺憾、悔恨，最是磨人。

有一位媽媽告訴我：「如果可以重來，我一定不會再對孩子那麼嚴格！」

這位媽媽的醒悟，是因為對這位孩子來說，嚴格的效果不大。但是，媽媽如果沒有嘗試過，又怎麼會知道，嚴格，到頭來不僅沒有效果，又傷了關係，還讓兩個人都多了不少不快樂的回憶？更精確地來說，只是調整的速度慢了些，但雙方都藉此學到了些東西！

我依稀記得一位名人說過類似的話：「我不曾失敗過，我只是找到了一種不成功的方法！」

我喜歡這麼說，在關係裡面，雖不能預期，但絕不放棄。不是說我們一定得要讓關係處在最好的狀態，這也很不容易做到，有時候，不讓關係更糟，那也是需要努力的。

用完美主義對待關係，那好比把自我膨脹到最大，但是又責怪對方不肯踏進彼此的空間。在關係裡面，實在難有人敢說自己完美，我們都是學生，分數高低都只是暫時的過程，因為關係中永遠的不變，就是改變。

一百萬年薪，兩百萬的生活

最近坐高鐵，後座兩人的對話，讓我感慨。聽起來，兩人是在製作手機相關的產業工作。

「智慧型手機，一支一、兩萬，唉……能讓它用一兩年就差不多該換了……」、「把它做得那麼耐用，像大同電扇一用五十年，那我們還賺什麼……」

類似的話，我也曾從一個科技業做產品經理的朋友口中聽到。明明測試結果，螢幕很容易被壓壞，公司還要上市。

是啊！當公司要賺大錢，每年業績目標要向上提升，不這樣想，怎麼在數字上不斷突破。這樣的想法，其實也反映出不同時代的相異思維，我聽過一段話……

以前的人，東西壞了，就想著要怎麼修。現在的人，東西壞了，就想著換。

在關係裡面，互動觸礁了，還沒付出多少努力，就要談分手。一不如意，就認為是對象不對，那很有可能每段關係都會有同樣的劇本出現。

我也從另一位朋友身上，學到了不少人生的道理。他說，他最羨慕的，就是一個人只有百萬年薪，但過著兩百萬的生活。所以他常覺得不足，眼睛看到的，都是升職、加薪、買東西的訊息。那時，正是雙卡風暴前，大家拚命消費的時候。

所以，這位朋友明明收入就高於同儕，還是感覺很不快樂。他也很瞧不起我的工作，說我在做 low paying job，雖然我覺得已經很不錯了。

我想到我敬愛的一位長輩，他的價值觀，恰恰相反。假設他有一百萬的年薪，他大概會過五十萬以內的生活。勤儉的傳統美德，讓他寧願窮生活，但他要過得精神豐富。他常去參加許多活動，身體健康，又好交朋友。

如果這位長輩的價值觀，能夠多一點被認同，大概雙卡風暴，也就不太會發生了。

我有一次演講，提到提升幸福感的方法。講畢，到地下停車場的路上，剛好一位聽眾在我前面取車。那場演講很特別，地下停車場可以看到BMW、Benz、Bentley……的車子。我的三菱貨車，頓時顯得非常「特別」。

這位聽眾是開低底盤的跑車，我就不特別說它的型號了，但我很確定，我這一輩子買不起。低底盤的跑車，除了進坡度陡的地下停車場，很容易撞傷之外，在台北市的市區道路行駛，心情也不會太愉快。光是路面高高低低，對車子就不好，視野很低，車比較寬，容易擦撞，只有兩人坐，也不實用，也不見得省油……

別誤會，這位聽眾有能力買這部車，我是敬佩的。靠自己的雙手賺錢，能開著一棟房子在街上跑，我想做也做不到。不過，名貴是名貴，除非是上高速公路，或是到賽車場，要不然，光是看到停車場下坡接平面的擦痕，心應該就很痛。

要讓自己過得平靜，物質生活的滿足是基本，過多則無益。我想到孩子們在上課的時候，跟我討論「賺很多錢錢」，就知道我如果不在這個部分多下功夫，就沒辦法給孩子個說法，讓孩子知道物質生活跟精神生活之間的關係。

賺錢絕對不是罪惡，這件事，大家都在努力。但是，我們到底拿了什麼東西去換，真的很值得我們在意。

不清不楚 不明不白

同理一個人，並不代表要認同這個人。
接受一個事實，並不代表喜歡這個事實。
討厭孩子的行為，並不代表要討厭孩子這個人。

如果上述的觀念不清不楚，那麼心情的起伏就容易不明不白。

如此不明不白的情緒起伏，不但傷了自己的心，又可能傷了跟我們所愛的人的關係。

永遠活在我們心裡

人到中年，總是會聽到身邊的朋友，親人過世，或者在病榻上跟死神拔河的消息。我還兀自以為人生仍有大半歲月，然而，生命終點的警示燈，沿著自己身體的病弱看去，在遠方依稀可見。

當我們所愛、所牽掛的人，其身影不再。我們常安慰：「他永遠活在我們心裡！」

我也常想表達我的關心，但是我的怯懦，常讓我說不出口。「活在我們心裡」，這句話，對我而言，不僅僅是單純的社交用語，而是跟家庭工作的這一段時間，我的體驗與衷心信仰。

當我們進入關係，我們就不再是原本的自己，雙方都會開始相應變化。以我最熟悉的親子領域來說，孩子因父母而改變，這很自然，但父母何嘗不會因孩子而改變。

這改變，粗略來說，可以有正、負向。有人會發現自己原來可以這麼愛一個人，展現從沒有過的慈愛與溫柔；有人因為親職壓力負荷過重，開始常情緒失控，甚至壓力大到罹患心理疾患……

當我們進入愛戀關係，我們開始學習表達需求與付出。有人開始患得患失，不由自己；有人能體會到，王子公主的童話光環褪去，我們還能保有友誼，平凡平安相伴，爭吵後懂得修復關係……

因為跟對方互動，我們開始被引發不同的情緒、不同的面向，並修正了我們原本的人際劇本。不管我們自己願不願意，對方確實能在我們的心裡留下痕跡。

每個同走過一段路的人，都或深或淺地留下一點什麼給我們，不管我們能不能意識到。如果我們珍惜對方的相伴，不管對方還在不在，請記得，好好整理對方留給我們的東西，轉化為珍惜與成長的動力。

我們過去經歷過什麼，並不完全是客觀事實，常常再要加上現在的主觀詮釋，變成我們意識上的認知。因此，對方部分的心靈影響力，確實藉著我們的努力，可以繼續傳遞下去。

當美好成為過去，請給自己悲傷的時間，然後告訴自己，他（她）永遠在我們的心裡。

你沒有錯
但
我不喜歡

對錯，以及情緒，常常是兩回事。如果越早在關係裡面覺悟，就越少些折磨。

在關係中，儘管我們千百個對，對方也可以表達他的不喜歡。儘管這不是完全從理性出發，但不能一概用「無理取鬧」來汙名。

譬如，我們買了對方以前曾經想要的禮物送他，但對方現在拿到，他可以說「我現在不喜歡」。我們也許曾經講好不生小孩，但對方突然說「我現在好想要有個孩子」，我們也得接受這是他目前真實的感受。

這不是對錯的問題，這是情緒，情緒就是會起伏波動，沒辦法事先規定什麼就變成什麼。通常，男生比較沒辦法理解這種狀況，造成男女在溝通上的困難。但是，男生並不是不會受情緒的影響，像是有時男生年紀大了，情緒來了，可能突然跟一個年紀小很多的女性外遇，這樣的新聞偶爾就會聽到。

所以，我們會說「尊重」，要做到尊重，就是盡可能試著照顧到對方的感受。彼此尊重，就是雙方都要互相照顧到對方的感受。只是，這個部分比較花時間，沒有效率，比較累，所以有些人，會選擇先做了再說。

有些事，不是一定不能做，有時候是沒有先問過。沒問過，便宜行事，感覺就差。即使結果相同，但重點有時候在過程，有時候人要的，就是自己有參與決定的機會。

沒錯，事情一扯到心情，就會複雜很多。但是只處理事情，不管心情，人際不和諧，事情就難以處理得完滿。

很難，我也認同，我也常常會卡住。有時候一味地求人和，會造成明明對的事不能做，錯的事則一直繼續，這是只講心情的壞處。

所以事情、心情要一起談，做對的事，跟把事做對，不是完全一樣的事。越親密的關係，越會牽扯這些，剪不斷理還亂。

其實，大部分男性也是很在意心情的，特別要被照顧到自尊心的部分。只是在敏感度上，通常女性占優勢，比較能表達，也會區辨，男性會需要花比較久的時間，甚至一直學不會。

有時候，男性講不下去了，就去睡覺、打電動，或者藉故出去，也許喝喝酒之類的。看起來像逃避，很多時候，是男性也很困擾，真的搞不太懂。

當然，男女之分只是概說。我也遇過女性，不太會表達自己的情緒，卻又一直受情緒影響的例子。

有些人，還能等，等個幾年就會懂。有些人，感覺要直接調整好適當的溝通層次，不能講得太難、太深。

有些是能感受，但做不到，沒辦法安撫對方的心情。有的是感受與安撫能力都強，但對方總是不滿意，那也還是相處不下去。

我能感受到，彼此落差越大，過得越辛苦。困在其中，有時候不是流流眼淚日子就能繼續過那樣簡單。真是辛苦了！

我們的過去常決定我們看到的未來

我們如何面對過去，常決定我們看到的未來。

譬如，我們內化了重要他人的創傷受挫，或者，我們在自己的關係裡面，曾遭遇背叛。以後，進入新的關係，我們會本能性地尋找負面互動的訊號，擴大檢視它，然後演出我們最熟悉的劇本。

本來是為了保護自己，而築起的城堡，後來變成把自己關在創傷裡面了！

本能，就是最簡單的行為模式，用來求生存而設定。少了理性的拓展強化，單單是本能，並不足以應付複雜的社會境況。

所以，要常內省。不內省，不把我們習以為常的劇本，拿出來一句一句看清裡面的對白，我們就會走到牛角尖裡面。

「每次」、「永遠」、「總是」、「所有」……，過度極端或僵化的描述，是帶領我們走向牛角尖的直通車。在多年的自我教育下，我對於這些用詞，非常警覺，只要我的認知產生如此字眼，我便慢下腳步，提醒自己思考其他可能性。

理智不自由，情緒就會被局限。

「有時候」、「或許」、「通常」……，較為符合現實的描述，能讓我們看到其他可能性。在負面情緒滿溢的當下，我們難看到正面的光彩。

我曾經看過，一位太太指責先生，對家庭沒貢獻。待情緒風暴稍稍平息，這位先生不慍不火，一件一件緩緩說出他對家庭付出過什麼。那一瞬間，我看到太太臉上十分驚訝，然後啞口無言。

負面情緒，常讓我們把白紙上的小小黑點，放大到占滿視線。陷在裡面，好像我們自己給自己造了地獄一樣。然後，我們還到處找對象，說就是他把我們推了進去。

所以，我只要跟孩子們講了氣話，我就會自我反省。氣話，常過度簡化，離真實有段距離。我不希望孩子因為我的負面言語，不經思考就內化，成了長大需要花許多時間重新跨越的困難。

在孩子面前，我謹慎言語，口味清淡，甚至有些無趣。只好多認真陪孩子玩，講講笑話，耍耍寶，平衡一下。

我們的過去，是資產，還是負債？每日的自省功夫，能夠決定！

用對的心情
把事情做對

我的工作，常會聽到類似「我的人緣不好，所以我不開心！」這樣的句型。事實上，通常是人要先學會讓自己開心，才會慢慢改善自己的人緣。

一個人懂得讓自己開心，才會懂得如何讓他人在關係裡面輕鬆一點。所以，為了建立關係，一直討好他人，那會失去了自己，最終也可能失去關係。

先有對的心情，才容易把事情做對。在關係中，特別是如此。

有快樂的父母，比較可能有開心的孩子。有愉悅的情人，才比較容易產生幸福的愛情。

安全感

一個沒有安全感的成年人，如果要找到安全感的來源，那是多麼不容易。親密關係是一個途徑，但其實要遇到能穩定提供安全感的另一半，那真的要有很好的運氣。

最終，要給自己安全感的，最不會背叛自己的，就是自己，也許全世界只剩下自己。這樣說來真是過於殘忍，也不太合邏輯，要一個本身就沒安全感的人，能提供安全感給自己，談何容易？

我只能說，跟自己和好，沒有捷徑。成為認識自己的專家，那是需要苦心經營。

譬如，最近突然發生一件事讓我有些情緒穩不住，我立刻提醒自己，該靜心反省，而非不斷讓自己忙碌，轉移自己的注意力。大概靜靜坐著半小時或更久，我有些受不了情緒的衝擊，但又忍住不讓自己找事來打斷專心。大約一個小時過去，就明顯感覺情緒開始穩定，對事情的看法，也整理出一番脈絡道理。

給自己空檔，去接納與理解情緒。當自己沒有安全感，受怕擔心，先試著對自己講講好話，好像一個慈愛的長輩想要照顧自己、關心自己。讓情緒流動，別阻斷扭曲，許多回憶自然會翻滾湧起，把自我成長、自我教育過後的成熟，拿來詮釋過去記憶中的自己。

如果有幸，我們會進入一段關係，由有經驗的人帶著，讓我們逐漸獲得療癒，那真是非常恭喜。如果我們只能靠自己，也沒關係，只要自己不放棄，透過苦難認識自己，我相信也會有契機。

再續前緣 一切隨緣

有關係，就會有情緒的牽扯。關係越複雜，情緒的積累會越多，越難回到單純的快樂。像是朋友變老闆、情人變老師，還要能穩住關係，那麼不斷學習、小心經營，那是必然。

有時候，關係的變換，擋也擋不住。那麼我們得認清，一旦開始了關係，失去關係或者關係形式的轉變，那永遠是可能性之一。

有時候，時間到了，緣盡情滅，那股力量像急流，我們只能順著它走。想要抵抗它，像是社會新聞裡面的激烈手段，那常只是讓我們更快溺水而已。

看清楚水的流向，接納與包容。然後，表達善意，給予祝福，是讓回憶裡的關係還能沉醉香甜的重要方式。至於，是不是能再續前緣，那就一切隨緣！

我們討厭自己 所以討厭他

在關係裡面，剛開始的時候，我們愛一個人，常常是因為愛我們自己。像是，我們看到孩子被欺負，就好像自己被欺負一樣。我們常在孩子身上，看到我們的影子，所以我們投射得很自然。

在情愛關係中，兩個沒有血緣關係的人配成一對。剛開始，常常是我們之所以愛對方，是因為對方能滿足我們，所以我們給予愛。如果對方無法滿足我們，那麼，我們選擇離去。當情愛落空，有些沒把自己建設好的人，便不知道如何愛自己，以至於傷害自己。說穿了，在情愛關係中，我們常常透過愛對方，來愛自己。

當然，這是剛開始的時候，還沒那麼成熟時的情感狀態。

那麼，我們是不是在關係中，也因為討厭自己，所以討厭對方？

至少，對某些人來說，不喜歡自己懶惰，所以不喜歡孩子發呆沒事做；無法接受自己在感情上不忠誠，所以，對方如果跟異性互動頻繁，就容易引起很大的情緒。在這個層次上，大致我們都不會覺得奇怪。

只是，再進一步來說，是不是在每段關係的負面情緒中，都能找到自己？是不是多一點接納自己，就可以少一點負面情緒？

「我們夫妻都沒這樣，不知道為什麼會生出這樣的孩子?!」

我還記得，家長雖然笑著臉說，話裡面卻藏著我們都懂的許多無奈。孩子好動、注意力不佳，生活習慣丟三落四，帶來評估。

我猜，家長已經為了孩子的狀況，罵了許多遍。我再進一步猜，家長從小，不管是被罵、還是罵自己，只要東西漏了、進度拖了、事情忘了……就會被罵或把自己罵一頓。

如果，我們面對的，是一種難以在短期內改善的狀況，就好像孩子的好動不專心一樣，那麼，要接納孩子，是不是要先過我們自己這一關？

我能清楚地知道，我對某位朋友的接納，源自於自我接納。我常問自己，我是不是也有這位朋友的困擾，雖然只是程度上沒那麼嚴重？或是我一直否認我有這樣的困擾？這樣的困擾，很嚴重嗎？這樣的困擾，不能彌補嗎？對生活的負面影響，我能承受嗎？這樣的困擾，雖名為困擾，但有沒有可能會帶給我什麼好處？

所謂接納，常要進行許多反思與自我對話。我明白，我是過了自己這一關之後，那位朋友常出現的困擾即使影響了我，我也沒那麼在意了，就是一起想辦法克服罷了！我沒辦法把生活控制得好好，沒關係，因為生活本來就這樣，不放棄繼續努力就好！

不過，接納是需要花時間、花力氣的，所以我也沒辦法事事接納。

把投射的對象收回到自己身上，這樣的練習實在有趣。不論我們在關係中感受到什麼，問問自己，我們自己的影子藏在哪裡？

慢慢地，因理解而接納，逐漸看淡而看清。

我們選擇了我們未來的樣子

曾經跟朋友討論過一個話題，他說：「好像，跟一個人相處越久，越容易受到他影響，這有心理學依據嗎？」

「近朱者赤，近墨者黑」，我覺得有趣：「這好像不用講到心理學吧！一般常識大致上就能理解。」

朋友啞然失笑，我繼續說：「所以，古人才會希望我們選擇益友相處啊！」

「我選擇朋友的眼光還算不錯吧！」他眨眨眼，不著痕跡地開我玩笑，「可是，到底用心理學可以怎麼談啊?!」

如果真要從心理學來說，一個人會影響環境，而環境同時能塑造我們。我們所互動的人，就可視為我們接觸的環境。這種不斷雙向、持續性發生的歷程，可以從各種層次的系統來看，包括身、心、靈。

再從鏡像神經元的作用來談，我們很容易不自主地模仿我們身邊人的言語或行為。像是夫妻臉的現象，夫妻結婚之後越看越像，不見得是因為本來就長得像，而是跟長期相處之後，臉部的線條與肢體語言，表達方式越來越接近有關。

那種「不自主」影響與被影響的過程，非常複雜，也同時存在於意識與無意識層面。嚴格來說，很難去定義或測量，誰比較強勢，或者有定力，就對弱勢，或者比較沒定力的人有較多影響。

譬如，父母對孩子影響很大，孩子擁有的資源當然不能跟父母比。但是，有了孩子之後，父母自己的生命軌跡說不定整個大翻轉。把時間拉長到一輩子，等到父母老了，成年子女可能就有能力決定父母晚年的生活品質。

當我們決定跟對方相處，就是要把某一段時間拿來陪伴著對方。單純就那段時間來說，那便是我們的全世界。那世界裡，只有少數幾個人，或者，就是唯一的那個人，經過我們的允許，擁有了我們最寶貴的時間。我們也允許了影響與被影響的歷程，不斷擺盪在雙方之間。

回到認識自己的功課，我們得要思考的是，我們究竟如何影響了對方？又如何讓對方影響了我們？

像是，有一對妯娌相處時間長，姑且稱之為大嫂與弟媳。弟媳本來為人熱情、不計較，但碰上了處處要占人便宜的大嫂，講起話來又尖酸刻薄。弟媳的不計較，讓大嫂得寸進尺，有好處就拿，得了便宜還會賣乖，找到機會就嫌弟媳幾句。弟媳基於保護自己還有家庭，只好被動地事事計較，行事小心不想落人話柄。幾年之後，弟媳發現，自己樂於分享的個性一點一滴地消失了，講話也越來越保守謹慎，回娘家常抱怨，連娘家的父母手足都注意到弟媳的轉變。

又像是，有一對情侶，男方保守且生活節儉，女方敏感又重視金錢。女方發現，男友銀行裡的存款數目原來會讓她這麼在意，卻一方面盡可能約會就叫男方出錢，二方面又嫌男友不懂得理財、開源不力。女方發現，男友開始不太想出去約會，讓她很不愉快。她也終於明白，自己想要找更有錢的男友，所以製造機會跟公司的黃金單身漢單獨相處。但為了不想背負劈腿的罵名，對外、對男友把他講得一無是處，自己當然是楚楚可憐又委屈。

進入一段關係之後，我們就可能慢慢不再是我們原本的自己了。這本來就很自然，不必訝異更無須歡喜，只有透過不斷自省，搞清楚在自己身上發生了什麼事，讓沒被意識到的，回到意識的掌控，才有機會逐漸影響自己未來的走向。

我們選擇了我們要相處的人，似乎就跟著選擇了我們未來的樣子。我們要相處的人，也同時被我們影響著，這個過程，我們不全然被動且無力。

這功課如果不做，不去細細思量與自省。那麼，我們可能忘了我們原本的樣子，又不知道為什麼我們現在會變這樣，飄浮空虛，像迷失了自己。

其實你盡力了

我常跟人討論，在關係裡如何自在。然而，人與人之間的關係，哪裡是我們願意努力，就一定會有好的結果呢？

有些人，實在不適合當父母。有些人，實在不適合當婚姻關係中的另一半。有些人，就是有他扮演不好的角色……

曾經有一位老媽媽跟我說：「如果讓我再來過，我相信我會做得更好！」

是不是以現在的成長就能更輕鬆地去面對關係，我不清楚，我們人常有過度的自信。但是，老媽媽覺得自己年輕的時候，有些地方沒有注意到，這是事實。

我們在扮演角色的時候，都會經過嘗試錯誤的過程，哪有人能一次做到好？哪有真正客觀的「好」，能放在關係之中被定義？

我最近聽到一個說法，是說到我們可以經營一百分的關係。有時候，我們追求幸福的最大問題，就是我們過度美化了幸福，對它抱持著不切實際的期待。以我自己來說，親子關係能及格，我就知足感恩了！孩子的痛苦不多，我的難過不久，我們還有機會共享一些快樂時光，我就勉強算及格了。

年輕，或者第一次認真地進入某種關係，很有可能在自己定義的失敗下，結束關係，或長久持續著讓人不太滿意的關係。但是，知道自己盡力了，這很重要。因緣不具備，形勢比人強，努力也無濟於事。最多就是當成一段學習的歷程，這時候，我們還能把握的，就是我們是不是盡力去面對這個困境，而有所成長。

強者的養成，是透過不斷面對自己的脆弱而練心養性。一個表面上看起來強勢的人，常源自於內在巨大焦慮的偽裝。

知道自己實在無力挽回關係，別忙著自責。多花一些精力，去徹底認識自己的不足，還留在關係裡，能多學一點是一點，已經離開關係了，那就把自己整理清楚，迎向下一段關係。

不過，很多時候，我們得承認，我們自然湧現的情緒，讓我們無法如我們所願地，處理關係。我常感覺，一個人經過治療之後，有了些改善，不完全是學到了什麼技巧，或者負面情緒從此消失不見，而是懂得真實地面對自己。

有一種境界是，關係還是不好，我們也依然遺憾，但內在不再慌亂無奈。懂得把自己的精力，投注在生活的其他面向，讓自己不至於虛耗能量，再找到其他成就自己的方式即可。

其實你盡力了，要讓自己知道，這很重要。

自毀

當我們狀況不好的時候，我們常會做出讓自己更不好的行為。像是，抽菸、喝酒、沒有節制的消費、開快車、大吃大喝……或者更是拚命埋首工作，不去理會日漸惡化的問題。

當我們跟對方的關係不好的時候，我們常做出讓關係更不好的行為。像是，找小事跟對方吵架、長期冷戰、做出對方很介意

的舉動來氣對方……不見得解決問題，又侵蝕關係。

所以，平時自省，及時自覺，真的很重要。停止繼續傷害自己、傷害關係，是讓困境好轉的起步。

停，暫停，停下來，用等待去沉澱。自毀這樣的惡性循環，我們才有機會躲開。

即使都不針對問題本身解決，照顧好自己的身體、管好自己的情緒，找到自己的靈性寄託。以健康行為去回應困境，很可能讓大事變小，小事消失。

幾種認知扭曲

認知治療的效果，不但經常被驗證，也很好使用。我一般助人時，會從三個角度談跟負向情緒相關的認知扭曲。以教養或情愛關係為例，我們會發現，我們很容易有相關的思考，而且這幾種思考可能混合出現。有這樣的思考不是一點點都不能容許，這又落入了絕對。

導致負向情緒的負面思考都難免，常出現在一般的社會教育裡，或者家庭中的互動，但過多則讓我們難以生活。此外，在關係裡面，過多的負向情緒，通常不利關係的發展。所以，要有相對和諧的關係，清楚自己的認知扭曲就很重要。

第一，太絕對。

類似二分法，像是「這世界上只有兩種媽媽，一種是好媽媽，一種是壞媽媽。」通常人如此評價自己的時候，大部分是把自己歸在「壞媽媽」這類。其實，沒有所謂全然的好或壞，就算有，那麼好媽媽也會犯錯，壞媽媽也可能在失控之後會後悔想彌補。

或者，語句中出現「一定」、「必須」或「百分之百」，就要小心。像是，「完美的愛情，容不下一絲謊言」，我們不喜歡說謊，但是有很多狀況，可以被定義為說謊，除了一般提到的白色謊言之外，在濃情密意時我們會拿出最好的自己，但在激情冷卻之後，我們可能疏於保持，因此讓對方有「受騙」的感覺。此外，「完美」與「理想」，常存在於想像，那也常單純是某個個人的想像，把自己的想像套在他人身上，那恐怕只看到自己，沒看到他人。

讓思考更有彈性，容納更多可能。這個世界與關係的樣貌，常比我們想像得豐富而多元。

第二，過於強調自我的重要。

我們要為我們的行為負責，但是，事情的發生，有許多並非操之在己的狀況。譬如，衝動性高的孩子，即使被教了許多遍，還是有可能犯同樣的錯，在教養上不見得都要事事怪自己，像是他人因為孩子而怪罪，我們就想「都是我沒把你教好！」其實，衝動性高的孩子（有些大人也有同樣的狀況），有時候他不是不記得被教了什麼，而是控制不住自己。當一個人連自己都控制不住了，又怎麼能只靠教他幾遍就能完全不犯錯。

在情愛關係中，一件事的發生，常常是雙方都會一起牽扯進來。情緒的起落、機緣巧合，坦白說，那也不完全是哪一個個人自己的決定。「都是我不好！」的講法會有部分的道理，但過度罪咎自己，讓自己陷在負面情緒裡面，我們更沒了能量去經營關係。

沒有理由要事事跟自己相連，我們自己能決定的，常常也只有自己的行為。對方與環境機緣，自有它的變化，我們很多都掌握不到。

第三，以偏概全。

這有幾種可能，像是我們在受教育的時候，常接收到要記取教訓的訊息，以便改進。可是，自己犯了一次錯，就擴大到占滿了視野，像是「我連孩子被霸凌都沒注意到，我還有什麼資格當他的父母！」這是全盤否定自己，於事無補。

有時候，邏輯上會有過度武斷的現象，「我又失控打他了，我大概以後只能用這種方法制住他了！」事實上，凡事都需要練習，教養也是。從破功當中學習，那很常見。

有時候，發生在關係裡面有十件事，偏偏我們就在最讓人痛苦的那一件事裡面走不出來。「他說他最討厭我這種哭哭啼啼的個性，如果可以重新來過，他會一走了之」，這句話傷人，但可能是氣話。扣掉這件事，可能還有其他九件事，也許五件事很平淡，兩件事讓雙方有些不愉快，但還有兩件事讓雙方都很開心。正、負面都看，全景觀點，較有助於搞清楚，我們接下來該怎麼做。

常用這三個角度觀察在關係中的自我對話，如果能記錄下來，自我詰辯，能找客觀第三者討論更好，都能讓思考更清晰。思考清晰些，不見得負面情緒就從此不見，只是能把情緒控制在相對適當的範圍。

源自於父母的否定

我認識不少朋友，一出口就是批評、否定。有時候，看得出滿腔不滿；有時候，似乎在表現自己的優越，像是自己已經很明顯地看到問題了，別人怎麼那麼笨、那麼傻。也許，是想藉此宣洩自己的情緒，或者贏得認同。

習慣否定與挑剔的人，也許是模仿或複製了自己的父母。

以前我年輕的時候，也有一段時間很會否定人，現在少很多了。自從學習了認知心理學，知道了「後見之明」或「事後諸葛」的心理歷程（很多事在發生之後，我們容易有自己早就看出問題所在的錯覺）。學習了臨床心理學，知道「同理心」的態度，能更設身處地地進入他人的世界，看清事件的全貌。

我越來越清楚，我沒那麼聰明，別人也沒那麼笨。我的批評，有時候恰巧彰顯出了我的愚昧與不足。

我還是會批評、否定，只是越來越謹慎，話常反覆思量才會出口。不過，很多朋友，任由自己的情緒鼓動，隨意把話說出口。那種不知不覺的傷人字眼，常反而把自己逼到角落裡，讓自己限於關係的孤立。

先從少說負面話開始，再一句一句把正面話累積起來。亡羊補牢，為時未晚，修復關係，跟自己和好，從挑選說出口的字句就可以開始！

維持關係的耐心與態度

關於不得不維繫的關係，我有兩點體會。

當關係陷入僵局的時候，我覺得「耐心」很重要，持續做好自己，表達善意，心結比較有機會解開，重新連結。

當關係正甜蜜的時候，我覺得「態度」很重要，別以為關係是理所當然，要珍惜感恩，虛心以對。

請理解我，但我不想理解你

不管我在助人，或是面對朋友，我常聽到類似：「請理解我！」的呼喊。有時候，我會誤以為真的沒人願意去聽聽看，他想說什麼。年輕的時候，會因此抱著無比的熱情，去傾聽、同理，好像想扮演救人於危難的英雄。

不過，慢慢地，年輕的我發現，有的人，有時候，只想說，不想聽。我那時常感到困惑，「如果他多少聽一點，多少改一點，他不是就會好過一點？」

在這個過程中，我也感到挫折。我隱隱然察

覺，人與人之間相處的潛規則，在困擾著我——「你要別人聽你說，那你也要聽別人說！」這是沒說破的社會約定，你不想聽，慢慢別人就不想說，也慢慢就不想聽，然後造就了好像不被理解的你。

如果有人，就是只說，不聽，會被指責為，只是想抱怨，只會說不會做，或是自私。這「自私」兩個字，說到底，是只說不聽的人，好像只想要他人為他改變，但是他自己不想為他人改變。

年紀大了一點，眼界開了一些。原來，對有些人來說，理解自己的世界，就很不容易了，更別說是理解他人的世界。對有些人來說，改變自己的行為，極其困難，因為實驗新行為的焦慮，超越常人想像，這讓他裹足不前。

我越嘗試去理解，我的挫折就不斷地消解。

到目前為止，我還是熱情地回應「請理解我！」的呼喊，但是只限於工作，沒辦法擴及生活。我像唐吉軻德一般，持著長矛，向人的心底深處駕著馬衝去。只是，經驗會告訴我，什麼時候該回頭，別等力氣用盡了，然後連自己的家都回不了。能回家，就能等到精力充沛，下次再戰。

理解是種力量，一個人被理解了，他的行為於是產生改變。我使用「理解」，試圖提升一個人的自覺，喚起他表達情緒的意願，讓情緒跟動機連結在一起，也許，他願意自主地，為了自己而改變。

這樣經年的努力，我以前沒辦法體會，現在因為成功經驗漸漸多了，知道頑石也能磨，只是要花去許多時間。有的人變得圓滑一點，有的人只去了一點稜稜角角，依舊尖銳……

畢竟，人的個性，不是石頭。不是我想雕琢，就能順意成熟。

不過，理解，是我執業生涯至今，學到的絕妙好招。跟人互動，被打敗了，沒招了，那就嘗試理解，這是最後一招。只是，別抱太大期望，一個被理解的人，要產生改變，可能經年累月。倒是我們理解人的人，視野改變，可能潛在的躁動情緒，會多一點緩解，也因此跟他人，能多些和解。

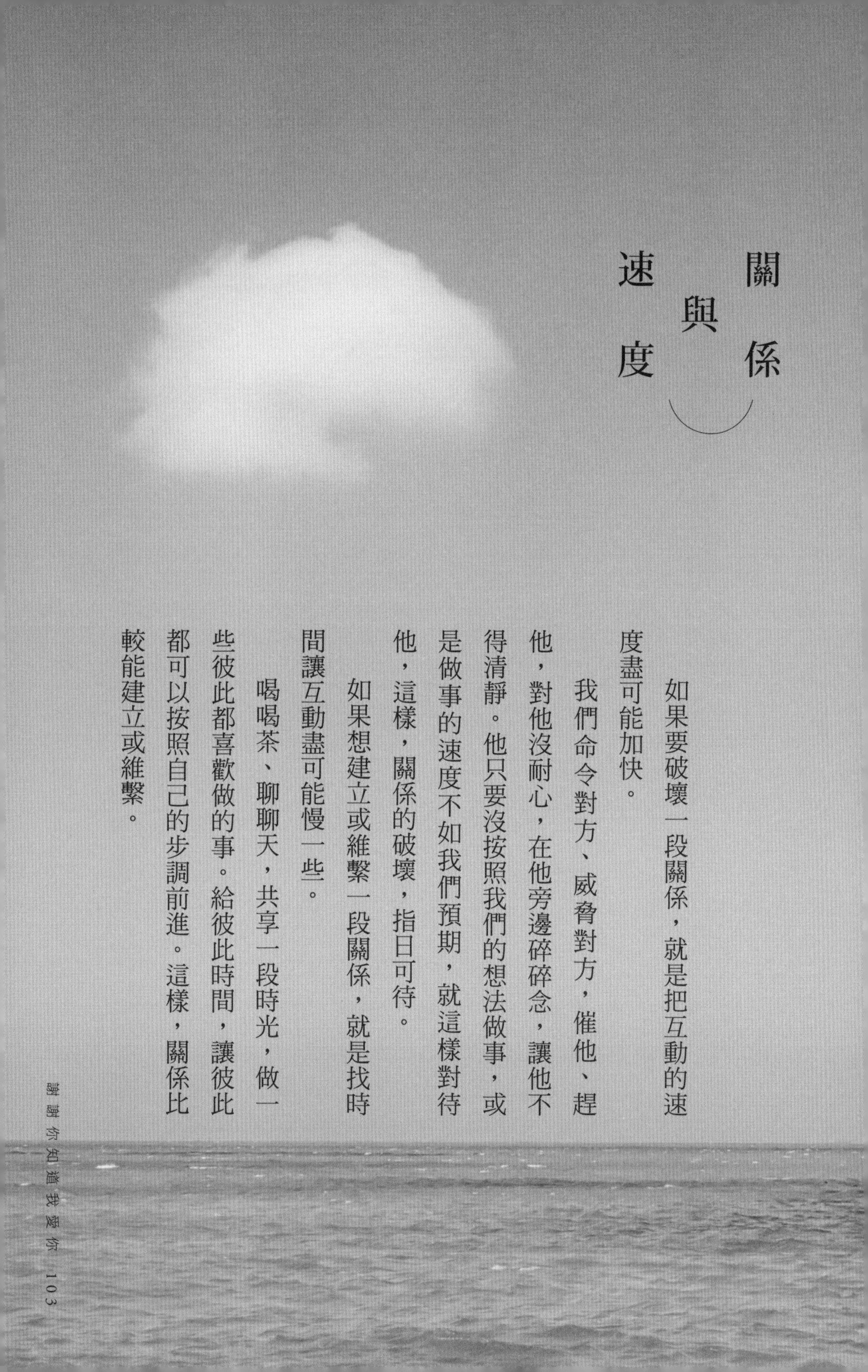

關係與速度

如果要破壞一段關係，就是把互動的速度盡可能加快。

我們命令對方、威脅對方，催他、趕他，對他沒耐心，在他旁邊碎碎念，讓他不得清靜。他只要沒按照我們的想法做事，或是做事的速度不如我們預期，就這樣對待他，這樣，關係的破壞，指日可待。

如果想建立或維繫一段關係，就是找時間讓互動盡可能慢一些。

喝喝茶、聊聊天，共享一段時光，做一些彼此都喜歡做的事。給彼此時間，讓彼此都可以按照自己的步調前進。這樣，關係比較能建立或維繫。

誰的問題

當他人對我們
無禮、粗暴、評斷挑剔，
我們越來越能分得清楚，
這是他的問題，還是我的問題。
那麼，我們的內在，
就會越來越平靜。

CHAPTER 3

尊重・不完美

To be a better man

我們難以完美，但是不代表我們就該放棄，我們永遠有機會比昨天成為一個更好的人。而這個動力，也許來自於自己，也許來自於另一個人，或許是愛戀的對象，或許，就是我們的孩子。

大學的時候，上一位外文系教授的課，他是個思考很正向的人。他說到為了自己的孩子，他要成為一個更好的人、更好的榜樣，這是一件很美好的事。他顯然很沉浸在某種情緒裡面，講到激動處，眼神看著遠方，好像正在進行一項非常偉大的工作。

只是，我們這群剛上大學的新鮮人，人生經驗不足，也未全然脫離升學主義的窠臼。我們好像覺得，英文課不教英文，一直講自己的「課外想法」，就是不務正業。所以我們的情緒顯然跟教授不同步，我們雖然在課堂上，但心態上比較像在教室外看風景的路人。

一直到現在，非常非常多年以後，我終於領受到了教授的指導。經過時間的釀造，教授的話，成了充滿香氣的智慧，我了解了我的渺小，但我也了解了為人父母的偉大。

在上人際關係課程的某一小段，我跟孩子們提到，最終，我們要成為自己的父母，我們要成為給自己力量的人。我們要把汲汲營營跟他人比較的力量，留給自己，關注自己，肯定自己的優勢，給自己多一點信心，去學習、去改進，然後回饋社會。

我看到孩子們的眼神渙散，有看自己的手的、有放空的、有看向遠方的……。這畫面實在有趣，雖然大家都在課堂，但是那一刻，只有我一個人真正進入了上課的狀態。換個角度來說，我不是為了孩子，我是為了自己上課，我是自己的聽眾，自己督促著自己，一步一步往前邁進。這時，我更理解了外交系教授當時的狀態。

跟孩子們互動的時候，我比較把他們當大人看。態度尊重，用他們能理解的話，傳達情緒與人際關係的奧妙。但同時，我也會用少許的比例，講出我預期孩子們目前可能仍無法體會的道理。原因之一，是我不想小看了孩子，因為他們常用自己的理解方式，給我驚奇。

另一方面，我很感謝以前老師教導我的，也許，越深沉的影響，越要等待時間去熟成。如果孩子們，終究能接收到以前老師給我的一半，那是我莫大的榮幸！

對於我的孩子而言，我要帶著她領略她的人生，所以我得成為更有力量的人，去支持他。對於我自己而言，我已經成熟、獨立了，父母對我的幫助，已經大致告一個段落。我得自己來，成為自己的父母，看顧著自己，為自己加油打氣。以前父母對我的付出，都是我的基礎，他們對我的好，我要看清楚，這是我出發的起跑點。

一個人與一個行為的重量

我不喜歡你做的事，並不代表我討厭你這個人。

以孩子來說，孩子會偷東西、偷錢、打人、惡作劇……情節輕重不一。很多家長會痛心疾首，表現出強烈的情緒反應，甚至對孩子失望到心灰意冷，半放棄地面對孩子的教養。

我們可以這樣看，首先，這就是一個成長的過程，遇到了，就是要教，不代表孩子就是個十惡不赦的壞人。我們要把「人」與「行為」分開，這樣比較好處理。

其次，孩子也會有羞恥心與自尊心，過度的責罵，甚至體罰，可能要小心有破壞親子關係的風險。親子關係一破壞，我們說出口的話，孩子就比較不會聽。

也就是說，我們聚焦的範圍，在行為本身，討論行為的背後原因，如何避免與預防。孩子因為不良好行為，可能已經在商家、學校，甚至警局，得到部分的教訓，我們是要讓孩子確知不良好行為的後果，而不是要擊垮孩子的自尊、自信，這是讓「災情擴大」。

一個人要有適當的自尊、自信，才有站起來的力量。各種關係，都可以如是想。

我們不喜歡對方的某個行為，我們確實有種自然的傾向，會想要以偏概全，全盤否定這個人。即使這個人，平常還是對我們有些付出，我們只要看到一點這個人的行為不檢，我們就連他過去對我們的好，不但忽略，有時甚至還會把好事一併作負面解釋。

這種自然傾向，讓關係的修復更不容易。吵架的時候，用詞就很明顯「你每次……」、「你都……」、「你根本不在乎……」，這很容易讓努力過的人，心灰意冷。那是我們對不良好行為的厭惡，氾濫成災了！

本來喜歡的人，經長久相處決定廝守一生的人，後來因為各種小事，而變得討厭，這種以偏概全、全盤否定的傾向，要負一點責任。有時候，是我們不懂得處理情緒，而任由積累的負面情緒，都投射到對方身上，進而錯誤地產生認同。

一個人感受他仍然被在乎、仍然被關懷，那麼，他會更願意為了這段關係努力，去克服對他自己來說，也很不容易面對的課題。關係中的正面能量通常是存在的，我們不能輕易讓負面能量把它掩蓋。

不完美的快樂媽媽

「打破完美主義循環並成爲一位無懼的母親的最快方法，就是放棄追求完美的念頭，全心擁抱未知與不完美。」

——《赫芬頓郵報》創辦人雅莉亞那・赫芬頓（Arianna Huffington）

帶小孩，怎麼可能求完美呢？

孩子的行為難以預測，情緒說來就來，天性也仍待探索。孩子會有一些部分很像父母，也會有很不像父母的地方。然而，因為

我們強烈的愛，再加上我們原本的個性，我們會期待我們的教養很完美，一切都能準確無誤。

教養，其實很多部分需要實驗與探索。簡單來說，書上寫的是一回事，很多互動的模式還是要靠自己一點一滴培養起來。所以，基本上我們就是在面對未知，這未知容易讓家長恐懼，特別是主要肩負養兒育女大任的媽媽。

我們要承認自己的懼怕，接受教養中的失敗，然後別對自己太苛，反而磨損了自己改變的動力。擁抱不完美需要學習，那就是我們本然的面貌。

不完美也可以圓滿

一對夫妻吵架，假設是為了每個月要給長輩多少敬老金，意見不同，鬧得不愉快。這個時候，這個溝通上的困難固然沒解決，然而，生活中還有很多重要事要溝通。不能讓這個沒解決的溝通困難，阻礙了所有互動。

如果是關係剛開始，其情緒的強烈程度，常有可能讓雙方質疑關係存在的必要性。「是不是要分手？」、「乾脆離婚算了？」……

可是，夠成熟的關係，要讓彼此了解，儘管遇到溝通困難，這不足以就毀壞了彼此花了很多時間建立的信任。以此為基礎，溝通困難固然沒解決，但互動仍能持續。

這一部分也牽涉到，溝通觸礁的時候，雙方是否理性和平。如果惡言相向，當然很容易傷害雙方的情感。

然後，請別忘了，很多小事，不見得在關係當中，都會得到一致的看法或共識。然而，我們看到對方，眼睛裡除看到這些小事，還要看到對方的好事。

精心時刻不能忘，關係的基礎，就是彼此關懷、信任、付出善意。

父子為了兒子打電動的時間不高興，做爸爸的一樣可以關心孩子最近的心情，以及未來的生涯規劃。母女為了女兒交男朋友的事不高興，一樣可以知道女兒最近跟好朋友的相處狀況，還有女兒喜歡的偶像的最新發展。

小朋友吵架，上一刻還為了搶玩具不高興，下一刻可能就追來追去玩在一起。我們大人也許不需要做到這種程度，可是，我們該想想，如果對方就是不得不相處的家人，或者感情很堅定的愛情與友情。那麼一件事或幾件事不愉快，就可以抵銷或否定其他許多在一起感覺不錯的好事，這會不會太不符比例原則？

很難，我了解。可是，請找找身邊的例子，關係相處到圓融的時候，就是會有人能做到，對於不一致存而不議，或者暫時找到雙方可以接受的程度。生活還是繼續走，日子還是照過，對對方的友善還是不會停。

最近一位媽媽告訴我，她開始知道，自己可以不完美，我恭喜她。同樣，關係也可以不完美，不完美一樣可以維持關係。就像一位朋友對我說：「如果能夠重來，我會選擇不要那麼完美主義！」

愛可以學習，不完美也可以圓滿，心境一轉，不完美有其趣味。

你願意懺悔嗎？

最近，在課程的最後，我喜歡問孩子們：「你願意懺悔嗎？」

我請孩子們，對自己懺悔。對我來說，無涉宗教，這是一種自省的方式。沒有好好複習功課、不該踢人、考試卷沒檢查、講話不禮貌……，大部分孩子們，都能立即反省。少數孩子，再請他試試看，還是可以舉出一些微小的錯誤。

但很少數的孩子，沒辦法舉出自己的犯過的錯，一定要等到在旁邊的大人提醒，才能想起來。有時候，甚至大人也提醒，看孩子的眼神，他也知道自己犯錯，但依然否認，即便我跟孩子提到，我並不一定要孩子把錯誤的內容講出來，他依然搖搖頭。

在心理學研究中，有些心理狀態很特別，容易忘記或縮小自己的錯誤。這不完全是「故意」忘記，而是似乎有種心理機制，自動化地進行抑制。

如果，當事人常忘記或縮小自己的錯誤，又很容易記得或誇大他人的錯誤。那這樣的人相處起來，實在很有壓力。

有些孩子，常指出父母的錯誤，但對於自己無法遵守承諾，則輕描淡寫。有時候，也會出現孩子與父母的角色對調的狀況，父母對孩子的承諾，常像空頭支票，反而把矛頭指向孩子犯的小錯，想轉移注意力。

懺悔，實在不代表自己是罪人，只是承認自己不完美。或者，以宗教的說法，我們都是罪人，只是我們有沒有誠實面對。懂得接納自己的後悔，那麼便能啟動讓自己更好的力量，而不是以怒氣掩飾自己的錯誤，虛耗能量，錯誤依然，後悔仍在。

知道自己有錯，心態會比較柔軟，對於他人的錯，也比較能同理面對。我們會謙虛一點，氣少一點，了解多一點，接納多一點，不管是對別人或對自己。

用批評找快樂

有時候，有些人藉著批評他人，潛意識地向他人證明，自己沒犯他人所批評的錯誤。好像，自己的地位因此提高了，他人的地位因此下降了。

有時候，批評他人的人，是想要感覺自己有力量。因而藉著批評他人，轉移自己的注意力，自己就不須面對自己的錯誤。

有時候，批評他人的人，像法官。被批評的人，像罪犯，罪犯的生死掌握在法官的手中。

有時候，批評他人的人，害怕自己被批評。所以砲火猛烈地批評他人，深怕力道不夠，自己就變成要被批評的對象。

很多時候，我們就是批評他人的人。

然後，我們因此把他人的錯誤，跟自己的不快樂，緊緊地勾在一起。我們誤以為，除非他人改進，照我們的話做，否則我們不會快樂。然而，說不定，我們都想當批評人的人，我們都想對方照著我們的話去做。

於是，我們越批評，我們越不快樂。我們越不快樂，我們越批評。用批評找快樂，像是緣木求魚。

為什麼我們該維護一個人的自尊

自尊來自於肯定、鼓勵，而非否定、處罰。這一點，很值得誤把處罰對等於管教的我們，仔細思量。

在我跟家長的互動中，兩、三歲的小小孩，就開始使用處罰的例子不少見。不過，大部分時候，其實效果不彰，因為孩子的成熟度實在還不夠。

這個年紀的孩子，常常不理解自己為什麼被處罰，甚至，搞不清楚自己做了什麼。他們的行為，大部分受到天生的本能設定而驅動，並非故意或蓄意挑戰大人權威。

在我的工作領域裡面，有些孩子，確實是「不能」，而非「不為」。像是有國小的孩子，感覺不太清楚自己的音量；有國中的年輕人，沒辦法說清楚自己的情緒，連帶沒辦法把自己行為的動機好好解釋；有高中的年輕人，他的社交情緒成熟度，還不見得比得上國小學生……

別說孩子，有些大人也有類似的狀況。我跟少數家長談話時，家長的思考不斷跳躍，停不下來，難以聚焦。常講了半天，還是回到原點，連孩子的邏輯可能都比家長清楚。在這種情況下，我認為家長是「不能」，而非「不為」，因為故意這麼做，對他沒好處。

當我們處罰「不能」的行為，效果不大，副作用又很多——可能連其他良好行為也都抑制了。

常處罰還有個壞處，也就是擴大了對一個人缺點的關注，也讓孩子無形中學到從負面角度看人事物的習慣。在操作上，強化優點是比較容易做到，又能建立關係的作法，對孩子也是個正面的示範。

自尊是激發人類向上的動力之一，也是很重要的心理健康指標。要促進孩子發展良好的自尊，大人要對孩子保持正向期待，接納他的原貌，了解人都有犯錯的時候，欣賞孩子的優點、注意孩子已經做到或付出的努力……。

一個沒自尊、沒自信的人，做事常採「委曲求全」的策略。也就是我能力能達到100，但只讓自己做到60，因為這樣比較安全，比較不會犯錯。這通常不是父母想要帶出的孩子的樣子，長期來說，也不會是孩子自己想要的樣子，因為常有有志難伸之感。

那麼，我們要帶出怎麼樣的孩子呢？這就取決於，我們是不是能練就良好、正面的自我對話，再類化到孩子身上了！

孩子如此，成人也差不多。如果我們因為對方做的一件錯事，就把他罵到一無是處，用嚴厲的措辭讓他抬不起頭，甚至感覺被羞辱，那麼，他努力向上改進的力量，也會同時被我們打擊到趴在地上。

得饒人處且饒人，給對方一些面子，給關係一條活路！

為什麼維持婚姻

或許，是我所面對的處境較為艱難，不能算是多數真實的樣貌。我從朋友們那裡聽來的故事，大致是這樣演變。

剛開始，我們是為了愛一個人，而進入婚姻。後來，是因為愛孩子，而留在婚姻。最後，到底要不要繼續用婚姻這種形式生活，讓我們越來越感到迷惘！

有位朋友告訴我，她不是這樣的。她來找我，是希望跟先生更好。真好，值得祝福！還有力量想繼續努力，不管結果如何，都還有很多能助益自己的學習。

有時候，即使同樣在做一件事，隨著時間的變化，意義便可能不再相同。

有一位朋友告訴我，剛開始去工作，是喜歡這份工作。後來，是因為薪水還不會太差，只是熱情不再那麼熾熱了。最後，他其實很想走了，猶豫掙扎了一陣子，但終究他想通了，繼續在崗位上。他想看看最後這一段時間，他還能不能學到什麼，所以，他隨時可以走，也可以留。

有位朋友告訴我，她想清楚了，她不是「不能」，而是「不想」離開婚姻。她還有些在意的事，需要停留在婚姻裡面，雖然離開婚姻會有些不習慣，但只要她在意的因素消失，她也可以走，選擇過自己的生活。

心態這樣轉換，那是因為想得夠通透了。能這樣通透，就少了迷惘，過起日子來，也甘願許多。事情一樣做，做的方式不同了，自己在乎的部分，多做一點，自己不在意的部分，少做一些。

心境轉變環境，甘願之後，會有那樣一瞬間，體會到凡事無不可愛。

替某位太太寫給先生的一封信

Y先生：

你外遇，又不想離婚，說你想做自己，說我管你太多，在家裡沒有溫暖。

關於做自己這件事，我不反對，其實你要去找情緒的出口，我也沒意見。我在遇見你，跟你談感情的時候，我就知道，我喜歡的就是你本來的樣子。

我希望你進入婚姻之後，你除了保持你本來的樣子，你可以在一些事情上配合我，包括：回家時間要讓我知道、我需要工作的時候你可以不要吵

我、我不想介入你跟你媽之間的衝突……。但是你如果不配合我，我一點辦法也沒有。

你不配合我，就跟有些事我也不想配合你一樣，我們彼此都會有困擾。要在一起，就是要考量這些困擾，我們能不能承受。

我還蠻滿意我們之間的生活，我也覺得承受起來勉強算輕鬆，但現在，我猜你大概不想承受了，我了解了。我不想當受害者，也不想逼你當加害人。我可以祝福你，畢竟我們曾經是朋友，所以才跟你談離婚。

結果，你又說你不想離婚，這我不能接受。我可以祝福你，但不代表我認同你，我也不覺得，我也去外遇，我們就可以扯平。

如果做一個朋友，這種層次的關係，你外遇我還能勉強維持。但是做一對夫妻，這種關係需要相當多的信任，我沒有辦法用這種狀態跟你互動。

我不太高興，但我不覺得我很生氣，你也不需要為我的情緒負責。我還有工作，我也有朋友，跟自己的生活。在婚前我就知道，結婚只是生活型式的一種，在這種生活型式中，我付出我的忠誠，但你沒有辦法堅持，我一點辦法都沒有。

不過，我一直沒有忘記照顧好我自己，因為把自己照顧好，不只是為了這一件事，也是為了在我身邊我所愛的人。所以我有收入，我還有朋友幫我，我跟我爸媽的關係也還可以，他們隨時歡迎我回家。

我覺得你依賴我，比我依賴你多一點。我猜，這是你不想離婚的原因之一。我不喜歡我能力還可以，就要被說成是女強人，就要被說成是因為我太強勢，所以你才這樣做。我一向欣賞你，甚至崇拜你，你的薪水不是重點，夠用就好，你對工作的熱忱才迷人，我不驚訝有人會喜歡你，想接近你，這跟我想接近你是一樣的，證明我的眼光不錯。

你所謂家裡沒有溫暖，這只是你的託辭，我對你一如往常，只是偶爾工作比較晚。你只是貪心，不知道怎麼面對自己的情緒。這我可以理解，我沒有必要用這點來傷害我自己。如果你覺得沒溫暖，離婚不就好了嗎？

我當然懷疑我自己有那裡做得不夠好，可是，我沒有必要賠進我全部的情緒。我沒有必要為了你一個人，就死去活來，我還有其他很多我在乎的事物。

或許，不知道是不是因為，我聽到你外遇，我沒有太難過的反應，你反而覺得不甘心離開這段關係？我有哭，如果你想知道的話，不過，那是在我想到要離開這個有許多美好回憶的地方。

我當然在乎你，但那是在好好愛我自己的前提下。所以，我不需要用難過來讓你知道，我有多在乎你。

不管你離不離婚，我準備好就會搬出去。我會把屬於我的東西拿走，你的保○套放在衣櫃左邊第二層，我之前看到有減少，我想應該留給你自己補貨，先這樣！

依然愛你但只想做朋友的　X小姐　留

碰到負面思考達人，該怎麼辦

當有人在身邊，又再重複自怨自艾自憐的時候，真的很容易把正面能量都吸走。沒幾分鐘，好像自己的耐性就耗盡了，怎麼會這樣呢？

那是因為，我們以前累積的情緒，還沒消化完。同樣的刺激，同樣的聲調與哀怨，很快勾起我們的回憶，心量一下子就滿了，所以耐性不再。

我們或許想助人，但是我們不是聖人，這一點我們體會得很清楚。以前對對方的情緒還沒有消化完，又可能累積自己生活中的其他情緒，很難讓自己還能夠心湖保持平靜。

我們可以這樣想，一個人的情緒基調，從出生沒多久就能夠觀察到。然後，從小到大，情緒基調的先天設定很穩定，後天調整只能夠變動大約不到一半。所以，一個人的脾氣，有很大部分是天生的，這一點我們得理解。

隨著年紀越大，自我教育的機會越多，我們越能介入自己的情緒反應習慣。不過，有些人的情緒發展，可能會卡在某個階段，一直受到一些重大事件的影響。

如果這麼容易就能正向思考，讓自己樂觀開朗，我相信不少人會願意這麼做。可是，情緒實在不是這麼簡單的事，被卡住的時候，要經過許多年的努力，或者又發生其他的重大事件，或者透過正向關係的滋養，才有可能展開新的情緒面貌。

我有時候，也會被習慣使用負面思考的朋友們，考驗到我的ＥＱ。我有時候，會帶著欣賞的角度，去想，為什麼一件簡單的事，可以從各種我想不到的負面角度切入，我感覺非常驚訝！我有時候，會感覺到無奈，一件事我們可能談過很多次，好像有了起色，沒多久可能又從朋友們的「淚後吐真言」知道，我們其實還在原點。

我覺得，我們要用感恩來面對這件事。負面思考有它的好處，它能夠示警與提醒。我覺得這些朋友們也提醒了我，生命時常不平順，連好心情都該珍惜，寧靜也算得來不易。

不過，即使是負面思考達人，也會有少數時候的正面情緒。跟著這些朋友們一起享受這些短短的時光，能感覺生命更有意義。

我們助人，但不是聖人。我們好好保養自己，讓自己有力量，面對常有負面思考的朋友們，在他們需要的時刻，我們才能給一點力，讓他們不至於被滅頂。

定期自討苦吃

很多朋友有慢跑的習慣，對我來說，好處之一固然是鍛鍊體魄，然而，培養毅力，那是對每個人都非常重要的功課。陶侃搬磚，為了磨練自己的意志，古人已遠，其風仍歷久彌新。

人皆有惰性，耽於逸樂，容易被突來的大浪擊倒。我從壓力管理，或者情緒管理的角度，常提醒各位朋友，要跨出自己的舒適圈，定期「自討苦吃」。

學習新事物也好，去嘗試對自己有些難度的工作也可以。面對新事物難免挫折，小小挫折皆對自我能有滋養，像打壓力預防針一樣，心理準備好了，大難難不倒。

有時候，我們一定要等到感覺對了，才會去做。殊不知，不做都覺得難，做了就感覺沒那麼難，真的困難，也才知道如何轉彎。

原來，有些事，是先去做了，才慢慢有感覺。

謝謝你讓我愛你了

等待是一種溫柔

年關難過，從二〇一四年到現在，好多重大的災難，陸陸續續發生。世界多難，台灣也沒有倖免。我想在這個時候，跟各位朋友，談談等待與陪伴。

最近，有位朋友跟我說：「我怎麼陪她，她就是不滿意！」

她女兒在學校遇到了困難，這位朋友做了很多她想得到的動作，都沒用。醫生也看了，各種活動都鼓勵女兒參加，也到校跟導師、輔導老師談了好多次，女兒依然陷在自己的情緒裡面，抱怨連連。

我說：「換個角度來說，妳體會到妳怎麼陪她，她就是不滿意，就是她現在的困境——她怎麼努力，她都不滿意自己，都達不到她想達到的狀態！」

然而，當父母如何做，都沒辦法產生效果的時候，我們還可以陪伴。等待是一種溫柔，不能變成一種壓迫，好像我們等了多久，對方就得要給我們看到什麼樣的結果，那麼，這無異於一種條件交換。

最難的，是我們在等待中，依然自在。這份自在，來自接納，接納苦難之必然。苦難，不管是早來，或晚來，總是會來。

然而，我們的自在，便是一種化身示現。即便跟苦難相處，依然學習謙卑，試著坦然，而不是就此失望、絕望。我們等，等著等著，做很多事都沒有用，關係沒有轉圜，人事不再，我們還是等，同時過好我們自己的生活。那是一種不放棄的態度，等著我們有力氣，能找到適當的時機，做一些事情，要不就是再付出些什麼，要不就是為遺憾劃下句點。

有一位孩子來，主動跟我談起了正在進行的空難搜救。她是一位容易恐懼的孩子，但是這一次，她認為她只是緊張。她把注意力放在最安全的航空公司上，她依然相信飛航安全。

這個孩子，我們等了好久。她一項又一項地，面對生活中的種種恐懼，小到冷氣機的聲音，大到被同學排擠，我們用好幾年，慢慢走過這些她日常生活中，扎扎實實存在的恐懼。

我一遍一遍地，聽她重複講各種害怕，儘管對大多數人來說，好像微不足道。但是有人聽她說，有人願意相信，這些困難，對當時的她難像登天，就像佔據了她的世界。然後，不斷地告訴她，她也有機會一點一點慢慢習慣。

她只要有一點點進展，在情緒上更能接受，那本來被她認為無法忍受的嫌惡，我們就一起把這些進展指出來。這似乎，讓她也懂得等待，也許恐懼無法完全翻轉，但是只要有機會慢慢習慣，那也就能多得一些自在。

有些等待與陪伴，要用年來算。對某些喪親之痛來說，就算過了好幾年，想到還是會心酸。

我們學習等待與陪伴的時候，常等到我們自己都不耐煩，忍不住要把挫折與氣憤投向承受苦難的人。請珍惜自己，鼓勵自己，至少有這個動機願意陪伴。但是如果我們想陪著我們愛的人，走一段更久遠的路，記得，要先面對自己的挫折與無奈，寧可走開，消化完了再回來。

有時候，聽在正經歷傷痛者耳裡，過多的加油好像是敷衍，節哀變成口頭禪，請試著理解，然後，我們依然可以等待與陪伴。苦難難有結束的時候，但是這一切，有人陪著一起走，會好過許多。

過去的不愉快，別再帶到未來

很多過去的不愉快，折磨自己許久的往事，覺得受夠了，就別再帶到未來了。一個人暗自痛苦，無益國計民生。放自己一馬，不如多行動，提升自己，或者幫助多一點人。該彌補的、該改進的，想清楚了就去做，行動能更快創造不同。

有一個華人世界裡有名的故事，對「放下」的觀念有很妙的見解。

一天，坦山和尚與隨侍的沙彌要到某地去說法。路過一條小溪，因下過雨，河水雖不大，卻泥濘不堪，師徒二人正準備渡河時，來了一位穿著入時又年輕貌美的小姐，行色匆匆，似有急事要辦，卻又在岸邊躊躇不前。

此時，坦山和尚趨前向那位小姐說：「姑娘，來吧！我背妳過去。」

緊跟在後面的沙彌，一直悶聲不響，心裡卻大惑不解：「平時師父教導我們，不能接近女色，爲什麼今天師父自己卻犯清規呢？」

沙彌雖有疑惑，但受平時師父嚴格教導的影響，一時間，不敢在師父面前立即表態，但心中確實悶悶不樂。

事隔多日，沙彌越想越憋不住，於是來到師父面前：「師父！我們出家人是不可以親近女色的，爲什麼前些日子，師父在小溪邊，卻自己背起漂亮的姑娘過河呢？」

坦山和尚聽了，很訝異地說：「我背那個姑娘過河，早就把她放下了！沒想到你卻把那位姑娘緊緊背著，到現在都還沒放下來！」

說實在話，很多事在做的當下，我們常常不確知是對是錯，只能憑感覺。坦山和尚的作為，也有好事者批評，得了便宜還賣乖。多做就會多錯，多言容易失言，但是因此不做、不言，於事有害而無補。

過去的痛又來磨，找個時間好好讓它在心裡流動。它在教導，我們在領受。我們得到了教訓，就讓它留在過去，未來還有很多事等著我們去做。

別霸凌自己

有時候，走到最後，我們就只剩自己這個朋友了。

別連這個唯一的朋友的情緒都不接納，別排斥它、否定它。有錯當改，但不見得需要貶低他。

如果我們對自己講了過分的話，或者意圖傷害自己，那等於我們自己在霸凌自己。

難道，霸凌別人不可以，但霸凌自己就沒關係嗎？

請學習掉眼淚

兩位優秀的年輕人，疑似因為感情問題，造成兩個家庭的遺憾。發生這件事，我不想落入責怪父母的常見邏輯，年輕人的天性，他們所處的時代與環境，都可能是許許多多複雜的原因之一。畢竟，這時候最痛苦的，大概就是兩家的父母。

我想到最近我跟一位孩子的互動，這幾個月來，探索了幾個不同的議題。談到深處，孩子不是眼淚在眼眶裡面打轉，就是已經潸然淚下，又不想在我面前展現軟弱，有時候轉過身背對我，有時候用雙手遮住臉，有時候轉移話題……

我了解他的尷尬，但我總是溫柔等待。跟一個人相處久了就知道，有些情緒被藏了起來，講話開了頭，就知道他想壓住自己的情緒，但又想談。

我常隨著他的步調，他想掩飾尷尬，我不會刻意揭開。只要我陪著他的時候夠久，他就會了解把情緒表達出來的輕鬆自在。

他會生氣、難過，都沒什麼不對，但是他要學習探索、辨認、體驗、接受、轉化以及管理自己的情緒。掉眼淚不是罪，如何表達悲傷也要學。

如果有人陪著孩子這樣成長，我猜遺憾會少一些些。

我又想到，最近一個小女孩，情竇初開。她跟我聊了許多，班上誰喜歡誰，誰特別袒護誰，誰又喜歡她的話題。

我喜歡跟她談這樣的話題，但不是像狗仔八卦那樣，只想要拿這事來滿足我的情緒。我探索孩子的情緒，被喜歡也會有壓力，被冷落也會不高興，然後，我們一起思考該怎麼應對我們會有的複雜感情。

男生雖然在這方面談得少一點，但不見得沒有疑惑，只是更害羞。有時候，要隔山打牛，像是講他人的案例，但意在言外。

我認識一個年輕人，為了追女生，花了大把的錢，結果原來是被利用。父母跟他談，都是責怪他。但我從寂寞入手，跟他談交朋友，還有那種懊悔，還有想放棄生命的感受。

要能這樣陪，需要大把時間。父母常常很忙，家務事多，孩子功課也多，至於生活教育，好像只能等孩子長大慢慢自己摸索。

多陪伴，不見得不會發生遺憾，我認識一位非常有風範與願意傾聽的大師級人物，他在女兒用很激烈的方式離開這個世界之前，告訴我，他的女兒就是悶，什麼都不說。也許，陪伴是為了讓我們在這個世界上的人，少點遺憾。

有些年輕人在這世上的時間這麼短，不知道該怎麼調解自己那樣橫衝直撞的煩惱，像少年維特那樣，最後想用極端，來證明自己曾經存在。我很遺憾，默默地哀悼著。

我乞求，至少事件發生的這幾天，不要再責怪父母，讓他們處理完孩子的後事。白髮人送黑髮人的苦，他們要用一輩子來承擔。這時候，少用一點正義，多一些理解，以及自我反省。讓我們回到自己的內心，而不是一直想找個人來冒犯。

驚驚長大

一個小女孩在今天早上宣告不治，看到消息的時候，一時半刻，止不住想哭的感受。

我因為工作的關係，常要面對許多孩子在學校、在家裡的困境。有時候，大人因為自己的情緒管理問題，讓孩子平白蒙受讓他們身心受創的對待。

於是，我的職業病，便讓我在帶孩子長大的過程中，不自主地想到比一般家長所知多很多的故事與案例。尤其今天早上的新聞，又勾起我害怕的情緒。我得坦承，有時候，我帶著孩子往前走的每一步，真是膽戰心驚，我常要鼓起勇氣。

然後，我要常自省，去區分，我的害怕，是來自真實或想像？是我的害怕，還是孩子的害怕？我會不會由於我的害怕，限制了孩子的成長？我說服我自己要勇敢的過程中，會不會可能讓孩子失去我的保護？

很多想法，我常沒有標準答案。所以，我現在越來越清楚，硬是想要得到標準答案，只是想讓內在的動盪安然，並非真實外在有個斬釘截鐵的答案。

放手本來就會有風險，孩子跌倒也不見得能立即爬起來，受傷了可能難以痊癒，受挫可能一下子大到孩子沒辦法承受。想時時護衛在孩子身邊，但我又看到，直升機父母所帶給孩子的無奈與壓迫。我真的不知道，管與不管之間，有沒有一條清楚的線？

人活著就是很難不焦慮，焦慮到最後，就是「無常」對著我們招手。「無常」真的來了，它可以用超過一百種理由，把孩子從我們身邊帶走。

所以，我知道，我要先消化我的害怕，再來面對孩子。至少我知道，我不需要用我的害怕，來增加孩子不必要的害怕。孩子有害怕才懂得保護自己，但是重複暴露在新聞之前，大人任由自己的恐慌傾倒在孩子身上，那就不必要。

因為過度的害怕，會讓我們失去生活的能量，讓我們不敢跨步向前，不敢堅持自己的方向。

今天，我覺得我們有正當理由，害怕哀傷。可是，我們也該學著堅強，給孩子做個榜樣。

願小女孩的父母家人、老師同學，替小女孩好好照顧自己。這段時間，相關的當事人都不好過，不用強忍悲傷，但也不要忘了尋求幫忙。學校輔導系統應介入，好好跟孩子們，把這件事談清楚，多些動態的活動，可以多少替代性地宣洩哀傷。

讓我們社會大眾，彼此鼓勵、加油，用社會的力量，來化解集體的難受與恐慌。用溫暖與關懷，讓家人知道，不管有什麼不愉快，在這樣的事情發生後，我們知道，我們願做彼此的支持與後盾。

然後，請媒體發揮力量，能安撫民心，閱聽率不是在社會立足的唯一。

感恩
是一扇窗

既然我們的生命裡包含著痛苦，那我們何不善待痛苦，讓自己好過一點。其實，痛苦也是一種情緒，它告訴我們一些事情，讓我們學會成長，學會面對自己。

如果好幾天了，情緒就是走不出來，睡不好，也吃不下。請試著在這樣糟糕的處境，練習感恩。感恩是一扇窗，讓我們看到遠處依然有光亮，感恩的對象除了生下我們的父母，也要感恩自己一直以來的努力，感恩自己擁有的東西。

因為感恩是一種進步的動力，它常會驅動著我們繼續前進，繼續生活。為我們受的恩，回報以善待自己，關懷他人的行動。

別連放下都執著

別把放下想得簡單，如果說放就能放，那旁人看起來，說不定還會有些疏離冷漠。但是，當我們心裡有另一個過於絕對的聲音出現，「我沒辦法！」、「我這輩子都放不下！」，那也過分執著在過去，看輕人天生自我療癒的潛力。

以下是從《人間福報》看到的故事。

聲名遠揚的紅木山清涼寺大法禪師，經常有各地的僧信二眾前來問道。無論什麼人來提問，大法禪師大部分的回答都是：「放下。」

例如，有人問：「煩惱很多，如何去除煩惱？」

大法禪師說：「放下。」

又有人問：「面對人間的欺壓、打擊、委屈、冤枉，怎麼辦？」

大法禪師仍然說：「要放下。」

這也放下，那也放下，可是大家就是不懂如何放下。

有一天，有一位禪僧前來參問：「請問禪師，有病的人能參禪嗎？」

大法禪師說：「沒有什麼不可能的，你要放下。」

這位禪僧說：「我就是放不下，怎麼辦呢？」

大法禪師又說：「痛了，就能放下了。」

禪僧一聽，心中還是猶疑。

大法禪師不再說什麼，只是拿起茶壺說：「茶杯拿來，我倒茶給你。」

禪師慢慢倒水，滾燙的開水倒在茶杯裡，讓禪僧幾乎拿不住，他口裡喊著：「太燙了，太燙了！」然後即刻把茶杯朝桌上一放。

大法禪師見狀就說：「你看！痛了自然就放下了。」

這位禪僧從最初的不服氣，到了這時候，心中也不禁佩服，若有所悟。

說實在話，讓自己鬆綁，跟形成執著的時間，可能一樣，歷經數年。連放下都要催趕，那真是放不下。

每個人都有放不下的執著，能讓自己不那麼苦，也忍得住痛，繼續生活，也就足夠。要人生過得一點苦痛都沒有，那是太執著。

暫時沉默
不等於冷漠

這個社會，常要求我們很快速地回應問題。然後，暫時的沉默，就被指為冷漠。

其實，問題越複雜，就越需要花時間了解。先搞清楚事情，才能放對心情。越催趕著自己要回應，容易流於反射性的情緒，那麼就會先採取了各自不同的立場，然後以立場來論斷是非了！

如果沉默是一個人的選擇，我認為該尊重。也不是所有問題，每個人都知道該如何回應。民主社會尊重多元聲音，不想出聲，那是個人的決定，他能對自己負責就可以。

CHAPTER 4

情緒

甘願

我有個朋友，跟我分享他最近的心境。長輩看他帶孩子盡力周全，問：「你會辛苦嗎？」

朋友答：「甘願就好。帶孩子哪有不辛苦的，每個人的辛苦也都不一樣，甘願就好！」

甘願，那是接納了。發生在自己身上的事，就已經發生了，那就抱願不抱怨。一丁點都不抱怨難，但發願做去，才能成就，才能前進，才有機會開創新局。

說實在話，我是蠻佩服這位朋友的。雖然遭遇苦難挑戰，病痛也折磨，他的心境是寧靜的、自在的，面對孩子總是喜樂，於是，眼前看到的，就是孩子報以甜蜜。

不是苦難不再，而是心境改變環境，也無大悲也無大喜，自在寧靜。

我想到在演講時，跟朋友們討論理解與接納。理解是一種動作，去收集對方的資料，感受對方的處境，替對方說說話，了解對方的不容易。然後，慢慢才有接納可言；真正接納了，因之而生的情緒，是正向或是負向，重要性也沒那麼高了。

要能甘願，那也不容易了。有些事，說不上喜歡，但也不討厭，就是知道該做，該做就去做。

像是走一段不知目的地的路。枯坐輕鬆，但滿腹牢騷。不如起身走動，雖然勞累體力，但至少沿途風景幫助分心，揮汗淋漓也多些快意。結果常不盡如人意，所以重點常在過程，過程中自己盡了力，那就可以舒心。

我向這位朋友學習，學他懂得安心自在。人生不過數十寒暑，有緣與此益友相伴，也少一點嗔癡遺憾。

不是先哭的人就比較委屈

姊姊沒對弟弟怎麼樣，一個眼神一句話，弟弟就哭了。媽媽的反應很經典，跑去抱著弟弟，然後叫姊姊少說幾句。

姊姊看到弟弟哭，先是翻了個白眼。看到媽媽去抱，臉頓時垮了下來。媽媽教訓她，她的眼光看向遠方，眼睛裡好像有星星在閃爍一樣。

不是先哭的人，就比較委屈。

我也聽朋友說過，在職場的時候，某位員工跟主管比較親近，逢年過節就會送家鄉特產。在辦公室有委屈，就找主管哭訴，但是面對其他同事，倒是橫行霸道。不過，哭真的有點用，主管處處維護，講起來話，反倒像是其他同事聯合起來排擠。

人與人之間，真的很微妙。媽媽越是保護弟弟，弟弟越懂得用這樣的手段，將來越會哭。主管越想要保護員工，其他的同事，反而更有可能跟這位員工保持距離。

處理人的事，沒有往理走，常訴諸個人情緒，很容易亂。然而，就是有人的情緒容易被引發，然後另一方就更依賴情緒為策略，形成了一種共生的狀態。

有時候，所謂媽媽或主管的權威者，在情緒上已經被煽動，還要假裝公正。然後，誇大表面上的加害者的小錯，讓人感到委屈，又對公正的預期落空，雙重打擊。這時候，權威者還會以為自己伸張了正義，滿足了自己的權威。

有理的人，講話不見得最大聲。這樣的人被忽視、被封殺，對家庭與職場，都不利。

小心八卦王

當一個人跟你不是多熟，但是他卻大大方方跟你談另一個人的隱私，然後妄加評論。通常我們可以合理地推論，他也會這樣跟他人談論你。

對這種人，如果我們太快推心置腹，又沒有太多信任關係為基礎，或許只是一時寂寞，或過於氣憤，或者只是被他表面上的情真意切所感動，我們把自己最私密的想法全盤托出。說實在話，我們等於四處埋下炸彈，但我們自己卻不知道炸彈在哪裡，這是種很危險的行為。

只是，這種人會主動出擊，四處蒐集旁人的隱私，以作為滿足他自己的工具。至於造成旁人的困擾，這倒不見得是他最在意的事。我們尊重每個人待人處事的方式，但事先保護好自己，才不會跟人的關係還沒建立好，先被傷到。

比個人情緒還重要的東西

有一位年已經當阿嬤的媽媽，照顧她久病纏身的婆婆直到過世，大家都覺得不管是對這位媽媽或是婆婆來說，都是個解脫。這不是孝不孝順的問題，有多年獨力照顧老人家經驗的人就會明白，實在不用多說。

告別式那天，這位媽媽忍不住哭了。旁人問她：「為什麼哭得這麼傷心？」

她說：「不管過去有什麼開心或不開心的事，人相處久了，就會是有情分在，也是會捨不得……」

說實在話，我覺得我們現代人，真的過度把負面情緒放大了。我們不是要否認它，而是比個人情緒還重要的東西，實在不少。

陌生人見面，都要給三分情了。何況是家人，我們能不能多讓他個幾句？

我以前換過幾次住所，其中兩次，很多晚上都在聽隔壁的夫妻鄰居吵架。有時候，晚上睡不著，乾脆專心聽，想聽出個道理來。

我上課跟年輕人分享這個經驗，年輕人認真地說：「這是你的業障！」

我哈哈大笑，如果是業障，我也歡喜接受。因為我的工作關係，我感覺這兩對夫妻，是在用他們各自的情緒在教導我。

遇到彼此不高興的話題，就是不讓，要插話、搶話。比氣勢、比大聲，就這樣鬧得不可開交。其中有一對夫妻，先生修養稍微高一點，吵架一段時間，就會主動離開現場。

親近的人，懂得看在彼此相處的情面上，懂得體貼對方的付出，哪有什麼不能讓的？

有時候想想，我們個人的情緒，真的這麼重要嗎？一點點不愉快，就會讓我們生活不下去嗎？

細細體會人生，很少人一點不愉快都沒有的。有時候，我遇到不愉快的事，還會感恩，感恩它提醒我，人生本來的模樣，別得意忘了形，話別說得太滿。

各位朋友，想跟家人吵架的時候，試著讓他幾句吧！這真的不完全是為了他人，更是為了我們自己。

全面否定

我曾經遇過一個「情感很豐富」的朋友。當他高興，你做了一點點好事，都好像值得頒獎表揚。可是，當你做了一點點沒那麼順他意的事，甚至有些事根本就跟個人解讀不同所造成的誤會有關，他就會全面否定你對他的情感。

這位朋友曾經跟我分享一件事。別人找他做一件事，他先前不答應，後來經過一段時間，自己忘記自己之前說過的話，沒想清楚又答應了別人。

他很氣憤，我卻說：「既然你最後答應了，還是要盡可能做到！」

「可是，我之前就已經不答應了，他這樣沒有錯嗎？」他說。

「雙方都有錯。既然你之前已經表達不同意了，他就不需要再問一次了。可是，就我的觀點來說，你最後答應了，就該試著做到！所以，你的錯還是多一點！」我就是這麼死腦筋，明明朋友就是要找我一鼻孔出氣，他想要我用情緒說話，我卻固守著自己理智的世界。

當雙方的頻率接不上，比較用情緒說話的那一方，就會想找人吵架。

「你都幫對方講話！」朋友悻悻然掛上電話。

憑良心說，我認識的人裡面，我算是還蠻有情緒的。但是我多年來一直在練習的，就是用理性去引導感性。就邏輯來說，「都」幫對方講話，當然是不對的，「比較」幫對方講話，勉強可以接受。

此外，那是單純用事情的對、錯來論。如果以個人情感來說，我跟對方不熟，根本沒見過，甚至不喜歡對方的行事作風，我也不希望幫對方講話。聚焦在感情的層面來講，我當然站在朋友這一方。

只是，有時候誤會像毒液，不管我們之前倒了多少純淨的水，只要不小心掉進一滴毒液，之前的水都不能喝了。有時候，不管我們之前，跟對方保有多好的關係，有多少美好的回憶，只要一次誤會，那麼之前的關係，好像就都變了顏色，不再純淨。

如果一個人，情緒一來，就喜歡以偏概全。那麼，這世上，快樂的事少一點，難過痛苦的事多一點，全面否定的機率，常會在加乘之後，變得遠遠勝過全面肯定的機率。一旦這種認知型態固定，影響所及，就會遍及生活各個層面。

還好，我頭腦還算清醒，雖然死腦筋，但是面對我在乎的關係，還是會多一點耐心。面對關係，我們沒辦法預期，但可以選擇不放棄。兩個人的關係沒斷，要努力都不算晚。

我的個性，是交不太到朋友，實在傷腦筋。不過，面對自己的時候，可以輕鬆一點。朋友的個性，容易引起他人的注意，不過，當生活的挑戰一多，情緒起起伏伏的，就容易疲憊。

不同的個性，會有不同的好處。天性是其一，但是後天的修行，那是千萬別忘記。

生氣時，你在害怕什麼？

有時候，生氣，是為了要捍衛什麼。那麼，所謂的捍衛，從另一面來說，是害怕失去什麼。

所以，我們可以試著問問自己，我們生氣的時候，在害怕什麼？

我面對的有些朋友，情緒沒有區分開來，一有負面情緒，可能是哀痛、寂寞、委屈……情緒全往生氣的路上走。生氣，變成一個垃圾桶，我們發了一頓脾氣，垃圾桶不但沒空，還一直滿出來。

親愛的朋友，你生氣時，在害怕什麼？

生氣讓我們覺得有力量，害怕讓我們似乎陷入了脆弱無力的狀態。於是，有可能我們想生氣，不想害怕。我們鼓勵堅強，但我們可以允許自己面對自己的時候，脆弱一些。

我在怕什麼？

我怕好多好多的事，一怕起來，有時候會忍不住發抖。然後，害怕跟生氣的情緒會反覆交錯，我這個時候如果沒有停下來，就可能會失控。

所以，我只要有時間靜下來，害怕偶爾就會來找我。我也會問它，我是不是真的該害怕？還是，害怕它就是會來，然後我就會忍不住想推走？

我接受害怕與生氣，這一輩子可能都會來找我。我希望跟他們當朋友，不要把他們搞錯，然後各自用不同的方式應對。

如何培養耐心

一個人事情越多、越忙，還要很有耐心，機率就越小、越少。我想到一段令人莞爾的小故事，有個人祈求：

「神啊！求祢賜給我耐心，我現在就要，馬上就要！」

我們越急著想要得到耐心，越做不到。因為「沒有時間了！」的內心獨白，正是讓我們焦急的重要先兆。

一急就容易亂，亂就容易氣。性子急，會容易發脾氣，影響健康、情緒，還不利人際。

生活維持簡單，時間從容有餘裕，做事自然慢慢來。現代人很貪心，事情要做得多，又要快又要好，非得把自己逼到極限，像機器一樣不斷生產，最好24小時不停工。

然後，情緒暴躁起伏，又要藉由藥物，控制自己的情緒，或者讓自己能夠入睡。要學情緒管理技巧，想從表面來壓制我們自己心靈的哀號，都沒想過我們自找的壓力源源不斷，光靠情緒管理技巧怎麼應付得了？

「等」或「忍」的功夫，跟耐心的培養有關，跟如何面對焦慮急躁的情緒有關，跟專心靜定的能力有關。等待的時候，要耐得住性子，這時候，做些讓自己心情平靜的事就很重要。

平常就可以練習靜坐，不見得一定要什麼架式、什麼方法。就是坐著，讓自己放空，練習越久，越能進入狀況。有時候，是專注在外面某一點；有時候，是閉眼睛數呼吸；有時候，眼睛追蹤著街上的行人，但不見得真的注意什麼，自然放鬆……

有些動作也行。有時候，是漫漫走著；有時候，是無意識地塗鴉；有時候，是把滾瓜爛熟的動作套式，一招一式地演練，身體在動，心神凝聚，紛亂退散……。

忍一時風平浪靜，這忍，並非真的什麼事都不做，而是選擇適合當下的事來做，即便是在心裡默默做著也可以。

沒錯，發呆，也需要練習。有些人是閒不下來的，連發呆的無聊感都受不了，然後又去找了更多壓力，或者消耗解決壓力的資源——時間、金錢或體力。

忍耐，或者放空、放鬆，是要做適合當下的事。被要求的事不做，該做的事也不想做，那是懶惰，或是消沉，或是找不到方向。

你到底什麼時候才要放過自己

那不到半小時的對話，竟然停留在她心裡幾十年。

因為她在生涯規劃上，不聽媽媽的話，媽媽用了侮辱性的字眼，讓她屈服。她屈服了，但命運機緣湊巧，從此她的人生，過得相當不順，也疑似得了憂鬱症。

或許，是她選擇在面對媽媽的時候，不想讓自己看起來快樂。在很深很深的地方，好像有一句心底話：「我要用我的痛苦，證明媽媽當初的錯！」

心底話聽清楚了，她的癡傻也明顯可見了。怎麼會為了向媽媽證明什麼，付出那麼大的代價，賠上自己的人生？

難怪媽媽常感覺不平，覺得哪有這麼嚴重。所以有意無意地忽略女兒的控訴，但又偷偷地心疼。

後來，她發現，自己把媽媽當成情緒垃圾桶。把所有有關無關的負面情緒，都丟向媽媽，要她承擔。

其實，她沒負起她該負的責任。自己的人生，她也努力過，但是不如預期，她乾脆一起怪媽媽，這樣最簡單。她一直不停地怪自己，為什麼自己當初那麼怯懦，不堅持自己的想法？

所以，她的自我折磨，除了要讓媽媽感到罪惡，她也是在提醒自己，別忘了自己已經學過一次教訓，別再重蹈覆轍，別再讓別人決定自己的人生。也或許，她之所以一直不放過自己，就是在責備自己笨。

她忠實地聽清楚了她的情緒想告訴她的話，雖然不知道哪句才是真正的答案，或者，每一句都是答案。不過，跟自己和好的工作，本來就是這樣，給個環境，等待發芽。

她的情緒慢慢在退潮，這讓她輕鬆多了。同樣一件事，負面的部分不再被放大，比較接近它原本的樣子。

原來，我們不放過對方，跟我們不放過自己，一直綁在一起。

成為自己的好朋友

談心靈成長的我，實在很難不提到「修身養性」或「修行」這樣對大眾有些距離的字眼。事實上，古代人沒有電視，天一轉黑，也沒那麼多夜間娛樂，要不就是邊做家事邊跟家人聊天，要不然就是靜心讀書或寫文章，轉而向內自省。

一整天忙碌紛擾，我們可能被上司或老闆罵，回到家又跟親愛的家人吵架。如果到了夜深，我們還沒辦法成為自己的朋友，沒辦法成為自己最好最好的朋友，那麼，孤

單寂寞還有委屈，就會這樣積壓在心底，無人傾訴。

想要化解孤單寂寞，愛情是解藥之一，但不是唯一。長長的人生，很難有誰真正時刻陪著我們一起走向盡頭，每個人有每個人的路，只有自己一直在，一直在心底深處陪伴。

不管是修行或修身養性，那是召喚自己作為朋友。我們除了要試著依賴親人朋友，也不能忘記學習信靠自己，或許有時茫然，但是絕少背叛。

你的情緒垃圾桶在哪裡

當你有負面情緒的時候，都怎麼處理？

有些人是否認、逃避，有些人是直接處理問題，有些人使用適應性的技巧來管理。其中，有些人只要有負面情緒，都容易丟到一個垃圾桶裡。

這個垃圾桶，有可能是人、事、物。譬如，有些人一有不順，就怪罪自己常常缺席的爸爸；在工作上遇到挫折，就把沒有考到某張證照的事，再重頭想一遍；人際關係拓展不開，就覺得是自己身家太窮，拿不出像樣的行頭讓人看得起……

舉例來說，我認識有爸爸，孩子不好教，爸爸把一切責任都怪到媽媽頭上。孩子有什麼不好，都是媽媽的錯，但是爸爸自己也沒花多少時間教孩子。說自己一回家就煩，又覺得太太為了孩子冷落他……

這位爸爸，把許多有關或無關的心情，都丟給了媽媽，這位媽媽變成了情緒垃圾桶。作為情緒圾垃桶，媽媽也無力去承接這麼多情緒，怎麼努力也難以消化，因為丟進垃圾的速度更快，根本消化不完，何況媽媽自己也有自己的垃圾要處理。

對爸爸來說，有個怪罪的對象，可以發洩發洩情緒，又能撇清自己的責任，如果爸爸沒成長，他的行為很難停止。別以為爸爸會因此而得益，長期來說，大家都沒好處，因為關係會不斷耗損，直到關係的基礎很薄弱，自然會有許多不好的事找上門。

以家庭來說，最常出現的情緒垃圾桶，其實是弱勢的孩子。他們的語言能力常不足以抗辯，有些大人甚至不允許孩子抗辯，孩子就成了代罪羔羊。

要處理情緒，大致上要回到源頭，要找到比較相關的人、事、物來處理，花的成本會比較少，效益會高一些。如果我們很不會處理情緒，那也許，一個垃圾桶根本不夠，要好幾個垃圾桶。

情緒垃圾桶，也許暫時幫助我們儲存情緒垃圾，讓我們心頭暫時輕鬆一些。有空的時候，還是得清空垃圾桶裡的垃圾，以免發臭、長黴，我們又不知道源頭。

別讓自己不開心

上節目的時候，主持人問到：「專家，你什麼時候會生氣？」

我回答：「如果我聽到有小朋友被欺負，我會很生氣。」

主持人有些驚訝地問：「那你會為自己的事生氣嗎？」

我回答：「幾乎沒有，很少啦……」

主持人說：「為什麼？」

我回答：「因為我們自己懂得要避開會讓人生氣的狀況，平常也會做功課。預防生氣，相對於真正生氣了再處理，所花的時間成本更少，效果更好……」

我回答完之後，我看主持人的表情，還是一副不可置信的表情。事實上，光是對「生氣」的定義，平常就要下功夫琢磨。像是生氣要區別、分級，以我來說，大致我的分級是「不喜歡」、「在意」、「不高興」、「生氣」、「憤怒」，這五級是我平常就會出現的口語。

有些研究顯示，憤怒管理，如果能先體驗五級程度不等的生氣。那麼，遇到嫌惡的刺激或事件，就不會每次都直接跑到「憤怒」那個程度去，造成過激的言行過於頻繁地出現，增加他人與自己的壓力，又陷入更容易生氣的負面循環。這個技巧，對大人、小孩都重要，要做為日常修身養性的功夫去練習。

我大部分關於生氣的情緒，是落在前三級。一覺察到我的負面情緒出現，短效的情緒管理技巧就要先用，離開現場是最有效的方式。調整呼吸我也很常用，但是我剛開始會先深深地吐氣，而不是一般教導的吸氣。然後深吐幾次之後，才會開始深吸幾口氣，大致吸了三口之後就會停止。

「微笑」不見得一定要強迫自己帶著笑意，先讓臉部肌肉動一動，做幾次嘴角上鉤的動作，很輕微也沒關係。做服務業的第一線人員，「微笑」這個技巧很重要，有時候搭配「鞠躬」一起做，避開客戶的眼神，稍微讓自己喘息，調整心情，這招很好用。不過，這只有短效。

讚美與感恩，有時候在情緒來的時候，真的說不出口，有時候是面子問題。記得，在心裡默默地說，也可以緩和自己的情緒。這樣可以自我提醒，有時候對方不是沒努力、不是沒付出，只是不符合我們的期待，別讓自己的情緒一下子衝太快。當然，能具體把想感恩的地方說出口是最好，這樣對方也比較清楚，他該怎麼做，能讓我們心情比較平靜。

至於長效型的情緒管理技巧，我們可以看得出來，每一項都可以用一大篇去探討。在搜尋引擎打關鍵字，也會有一大堆文章出現，我就不再贅述。

但是容我再次提醒，情緒管理在平常要下很多功夫，反而是情緒來的時候，我們當下可以做的事相對不多。

別讓自己不開心，真的不開心也沒關係。有時候不開心才健康，重要的是知道怎麼跟自己的情緒當好朋友。

【情緒管理技巧】

短效：

- 離開現場
- 放鬆（呼吸、動一動……）
- 微笑
- 讚美與感恩對方

長效：

- 健康習慣（適量運動、健康飲食、飽足睡眠……）
- 良好時間與財富管理
- 適當表達情緒、良好的人際關係、培養興趣
- 建立適應性價值觀與思考習慣
- 靜坐內省（留白時間、寫日記……）
- 尋求心理衛生專業人員協助（藥物、諮商與治療……）
- 信仰

把心頭上的一份重量抽走

孩子一生起氣來，就亂講話。我外表平平靜靜，內在輕輕微笑。

其實，有些大人，一生起氣來，也跟孩子一般般。只是孩子就是胡亂吵鬧，但大人更懂得用傷人的言語，更有能力透過引發他人的憤怒，來表達自己的不滿。

有時候，我們站得遠遠的來看，大人實在不如孩子明智。孩子自己胡鬧完了，一時脾氣發洩了，也許就沒事了，繼續行動。大人不是，自己發脾氣的同時，又自己種下了惡果，惹得將來更難收拾，更是讓自己怨氣難消，自己氣消了可能還不得平靜。

當然，這是概略性的說法，譬喻性的說法。

我的功夫不到家，面對大人生氣，我的表情也許勉強平靜，但內在實在笑不出來。這個時候，要消弭怒氣的最後一招，還是要回到表達自己的狀態，同理對方的情緒。

譬如，「你因為我沒有回應你，就不高興，我也很無奈……」

把情緒做命名，不管是自己的或對方的情緒，事情不會馬上好轉。但是情緒被正確命名，像是把心頭上的一份重量抽走，彼此都更輕鬆一點。我們更知道我們要表達什麼，對方相對會比較卸下心防，聽我們在說什麼。

最怕的是，我們的情緒悶著，對方的情緒又不被理解。那麼，等到雙方的情緒傾巢而出的時候，那就要看雙方的關係有沒有堅強到能抵禦爆發性情緒的衝擊。或者，雙方不斷積累的情緒，就是默默地腐蝕雙方的關係，於是最後無力維繫，關係也悄悄地走向終點。

我們到底在保護什麼

遇到困難就退卻，明明知道放手去做，能對自己好。

那麼，我們到底在保護什麼？

真正是為了保護自己的安全？

還是保護自己的「恐懼」，讓恐懼不至於消失，一輩子與我們同在？

我們的退卻與逃避，正是讓恐懼長大的好養分。

很多話、很多行動，常要等到萬全準備才說出口、才啟動，計畫再計畫，一個小小環節不對就要重新再來過。那到底要花多久時間，才能把腳步跨出去？

最後常常不了了之，心裡虛擬著各種可能的結果，然後日子在唉聲嘆氣裡度過。

最磨人的情緒，不是丟臉、不是挫敗，而是一想起來就捶心頓足的遺憾。

有時候，緊緊抓住自己的腳，不讓自己走出困境的人，就是自己。

承認情緒是互動的開始

我在跟人討論情緒的時候，時常會遇到把道德與社會常規混在一起談的狀況。常常有很多的「應該」，擋在情緒的前面，讓我們沒辦法直入情緒的核心，跟人順暢地互動。

像是「不可以生氣！」、「有什麼好害怕的，真沒用！」、「你這樣以後出社會怎麼辦，一點點小事就不高興」、「怎麼可能有人一直包容妳，妳這種大小姐脾氣，真的要改一改」……，這些是我們常聽到的話，我們得要把對錯與感受分開來談，才能看得清楚。看得清楚，才有機會改善互動與個人的生活品質。

情緒這件事，常常是出現了就是出現了。我們常叫人「不要害怕」、「不要緊張」，這是我們安慰人慣用的口語，我偶爾也會說出這樣的話。可是，我很清楚，通常是「『已經』害怕」、「『已經』緊張」了，沒辦法說「不要」就不要。

我們要接納情緒的存在，別先否認它。否認它，就難面對它，處理它。

譬如，有人就是很怕蟑螂，怕到會發抖，怕到神經緊繃，會噁心想吐。我們即使對他說「不要害怕」，對他幫助實在不太大。

我們可以同時想想，為了要減少害怕，那可以做什麼。像是我認識有人，準備了好幾罐的肥皂水噴瓶，路上看到就噴一下，可以遠距離趕走蟑螂。在室內使用，可以順便消毒殺菌，又不會讓蟑螂內部的細菌跑出來。

有時候，情緒的發生，有先天的設定，那是經過非常久的演化，很難完全抹滅。有時候是後天的學習與累積，那也不是一朝一夕就能消失。所以，我們才要學習如何適當地表達情緒，而不是認為我們能夠沒有情緒。

事實上，我們常常可以看到，即使錯的那一方，也常有各種情緒。因為對錯與情緒，雖然有點關係，但運作起來常常是兩件事情。

我們常對人有預期，他應該這樣、他應該那樣。可是，每個人都有每個人的「應該」，大家的標準都不同。

我們要常問的是，如果想要減少應該怎麼樣的情緒，我們可以怎麼做？

如果我們一直卡在，「××不『應該』有這個情緒」，那互動就會難以繼續。理性可以引導情緒，可是要在承認情緒為基礎之上作用，會比較容易些。像是，「你剛剛對她講話很大聲，她很不高興，等一下你要找她玩的時候，她可能會不理你，我們該怎麼做？」

也許跟對方道歉。也許下一次覺得自己要生氣的時候，就先走開。或者，只要一有情緒就寫日記，增加自己的覺察。平常就學習轉念的技巧，用靜坐練心，增進溝通的效能，觀察適合互動的時機……

有時候，是社會上普遍的語言習慣，在影響我們。像是，我自己也會習慣安慰人說「不要在意」，但是，通常是因為對方「已經」在意了，「不要在意」這句話，只是表達慰問，但沒辦法真正讓人不在意。除非，我能同時做出良好的分析讓對方釋懷，或者是真誠地同理，或許能提出可行的辦法，如此，或多或少有機會減少對方的在意。

承認情緒的重量，我們做起事來，才不會不小心「超重」，在不注意的時候，壓得我們走不動。

寂寞心碎

一個人活著，如果只想滿足自己的需要，會過得越來越寂寞。開放自己，跟他人的內心連結，才有可能因為親和而感覺融入。

讓我們重新定義，孤獨與寂寞。孤單是身體離開人群，這是明確可觀察的狀態。寂寞是一種內在感受，通常是我們對自己整體的人際關係不滿意，或者是沒辦法符合我們預期的狀態。

研究顯示，一個人朋友再多，或是被很多人列為好友，都不保證能驅散寂寞。家人、朋友之間能不能交心，我在乎的人在不在乎我，才是關鍵。

我認識一位年輕人，是某個團體的領導者、老大哥。長袖善舞，活潑投入，表面上跟大家都很熱絡。不過，只停留在表面，事實上，他跟大家的互動都不深入，私底下根本沒有朋友，沒聯絡。在團體中的寂寞，我想，他感受應該非常深刻。

跟我一起長期相處的某些兒童與年輕人，因為個性的關係，渴望友情而不可得。主要是互動能力不佳，或者是負面情緒過多、過於強烈。他們有些人常孤獨且寂寞，這個部分，我期待家人一起來努力，可以適度改善。

對於某些人來說，或者在某些階段，缺乏異性關係，就足以讓他們感覺寂寞。也許是愛情被過度地美化，反而引發一些青年男女不被滿足的強烈感受，即便再好的同性友伴也很難填滿心裡的空虛。

對事件的解讀方式過於與眾不同，也很有可能導致寂寞感出現。像是凡事批評，曲高和寡不被人認同，只有自己對，其他人都錯得離譜，那寂寞感就容易如影隨形。或者，擺盪到另一個極端，總感覺我們怎麼做都錯，愚笨到好像不值得被理解，什麼事都可以歸結到我們的愚蠢，那麼，我們處在這樣的狀態，寂寞就會像我們的室友。

摯愛的人離世，帶走了許多甜蜜美好的人生回憶，只剩自己留下來承受，這是深似海的寂寞。恨不得就此心碎，而跟著對方離開，沒有絲毫依戀，這種強烈的情緒，越來越被診斷系統所注意。以實際的案例來說，確實有證據支持，老夫老妻相繼離世，並非純粹偶然。

可能是強烈悲傷影響免疫系統，也可能是疏於對自己的照顧。當我們愛一個人至深，而忘了同時愛自己，為自己堅強。那麼，失去愛的代價，即便隱而未見，我們依然默默承受。

但是，寂寞並不是老人的專利。事實上，青少年到成人早期這一段歲月，最容易感受到寂寞。這時候他們要學習獨立，離開了飽滿支持的家庭，不管是就學或是就業，很多事要靠自己，在面臨許多新挑戰的時候，特別需要人情支援。

一般人都會偶爾寂寞，這並不稀奇，反而增添人生滋味。有些人，很容易誤解孤單為寂寞。好像沒有人陪，就不知道要做什麼，即便去餐廳、看電影也覺得索然無味，寂寞油然而生，急著找人填補自己心裡的空洞。

孤獨可以醞釀智慧，像是讀一本好書、記錄自己的心情。更深一點跟自己連結，讓自己感覺被接受與理解，自己成為了自己的好朋友，寂寞自然會少一些。

寂寞本身不壞，但是寂寞難耐時，我們所做的事，不小心就會造成自己與他人的傷害。交不到朋友，也可以學習助人，助人能改變氣質，磨練人際技巧，增加認識人的機會。

除了自己，多一點注意他人的需要，並量力而為，產生行動。寂寞可以減少，但要做，而不是空口說、只抱怨。

聽自己想聽的話

我有個朋友，聽別人說話，常常聽成他心裡想的意思，而不是別人真正的意思。

譬如，上司明明白白請他做某件事，結果，他就是做了相反的事，他回答：「我以為你是這個意思！」

朋友常有自己的想法與意見，這不是壞事。跟自己有關的事，當然按照自己的意思去做，無可厚非。可是，跟別人有關的事，他還是會選擇性地按照自己的想法去做，如果對方提出異議，朋友會說：「你這樣沒有尊重到我！」

我也曾經碰到，我在說明孩子的困難的時候，使用了比較不讓家長傷心的委婉說法。結果，學校老師來跟我抱怨，說我把孩子講得太好，原來，家長誇大了我稱讚孩子的部分，對於我提到的孩子的困擾，家長並未提及，讓老師覺得與事實不符。

當自己的情緒太多，執念太深，常會聽不清楚對方的話，甚至看不清這個世界。過度把自我擴大，造成自己的意志凌駕對方的意願，反而還覺得對方侵犯了他的自主權。平日不做修身養性的功夫，不去探索與認識自己，讓心裡有太多地雷與死角，不僅別人不敢靠近，連自己都可能會不認識自己。

不耐煩是關係轉折的徵兆

「你為什麼對我這麼不耐煩？」

路上，一位女生對男生說著，看起來好像在吵架。男生雙手抱胸，表情嚴肅。希望他們這次的溝通順暢，別發生什麼遺憾才好。

還記得關係中的第一次不耐煩嗎？你的，還有對方的不耐煩，各是在什麼時候出現？當時發生了什麼事？算是偶發事件，還是從此之後，不耐煩出現的頻率就逐漸增加？

有些人天生個性急，耐性容易用光。所以跟一個人熟悉之後，本性很快就跑出來，用不耐煩昭告他的個性。

男女朋友談戀愛，剛開始有新鮮感，所以負面情緒容易沖淡。等到不耐煩出現的時候，大概就是激情的效果慢慢消退，人際技巧要派上用場的時候。一個人有沒有能力維繫關係，常在不耐煩之後見真章。

很多時候，我們剛進入關係，能力不足，所以不耐煩一出現，我們就跟著犯了不少錯。不過，我們本來就是藉著關係學習，期盼讓下一段關係更為圓融。

從偶像劇裡的女主角來看，迷糊是一種吸引人的元素，讓人覺得可愛、不具威脅性。可是，一個人如果成為了太太，對凡事迷糊，面對各種挑戰，大小狀況不斷，先生就很難保持心情平靜。婚前婚後，狀況的轉變，有時候讓迷糊的當事人，心理準備不夠，措手不及。

新手媽媽，可能會對嬰兒無故哭鬧，感到不耐煩。這時的不耐煩，與其說對孩子，不如說對自己，這是感覺到挫折，開始懷疑自己當媽媽的能力。

有些則是孩子長大之後，講都講不聽，感到不耐煩。進入學校之後，功課一直教不會，感到不耐煩。當家長一不耐煩，關係的分數就一直扣。

然後，通常孩子開始不耐煩，最明顯的時候，是青少年。這時候，當父母的記憶力變差，講過的事常會一直講，態度也像對更小的孩子講話，調整不過來。孩子的思辨能力開始到巔峰，生活壓力也變大，就會開始對父母不耐煩。講話變得難聽，語氣也更不尊重。

不耐煩的父母，不喜歡聽孩子說話。不耐煩的孩子，即便想對父母說話，也被一股情緒卡住，跟父母關係不佳。有的會往同儕那裡去滿足自己被傾聽的需要，有的則是悶著不知道該怎麼辦?!

當我們對老父母的行為，不知道為什麼，越來越不耐煩，恐怕老人家已經有失智症前兆。當我們對周遭事物，莫名原因地頻繁不耐煩，或許，是我們跟這個世界的關係越來越遠，而越來越退縮到自己的內心世界，我們要考慮自己是否有某些心理疾病，像是憂鬱。

不耐煩會破壞關係，但是它不是決定性的因素，即使如此，我們可以視它為關係轉折的徵兆。透過這個徵兆，我們預先知道關係即將迎來的變化，他人的轉變，還有自己的轉變。

不耐煩像是正面情緒快用光了，考驗著我們會不會跟負面情緒相處。關係不斷改變，就跟我們情緒不斷改變有關，要管住情緒，穩定關係，只有不斷學習。

有人說，耐煩是種美德，不耐煩是要不得。我倒覺得，不耐煩本身沒那麼嚴重，它在考驗著我們，人難免都有這個時候，我們如何回應它才是重點。

有時候不耐煩變成習慣，但是關係無法斷，譬如親子。如果沒有哪一方想著手改變，雙方就會陷在這個習慣裡，彼此不自在。

如果有時間，越是發現自己不耐煩，越要聽對方把話說完。對方有機會把話說完，就不用一而再再而三，講得片片段段，我們又感覺心煩。我們聽懂了對方的想法，正面回應對方的請求，這是維繫關係的關鍵動作。當關係運作順暢，不耐煩就自然少了。

越是不耐煩，越要試著把話講清楚。具體、清晰，或許寫成文字記錄，能讓我們少講幾次，不必那樣心煩意亂。

情緒管理很重要，平常有健康的作息、飲食、運動，遇到不耐煩，還會提醒自己放慢速度，多深呼吸。把事做好，試著寬容自己與對方，不耐煩自然離開。

最後，我們要想，我們是不是跟自己的關係不好，會對我們自己不耐煩。給自己過高的標準，又只留了相對短的時間，所以多少正面情緒都不夠用。一個人對自己不耐煩，就容易對人不耐煩。

跟自己和好，很多時候，事緩則圓，慢工出細活，沒真的要那麼趕。趕著做事情，弄壞了心情，搞僵了關係，那也沒比較划算。

給情緒多一點時間

粗略來說，情緒反應可分為兩個層次。舉個例子：

有位朋友，基於友善的立場，當面指正我們的缺點。如果我們當時狀況不佳，可能馬上表現負面情緒，像是生氣，甚至罵他一頓。可是，如果讓我們靜下來一段時間，我們可能理解了朋友的好意，反而心生感激，因為沒有人願意像他這樣，冒著得罪人的風險。

我個人稱這兩種情緒，第一種是反射性的情緒，第二種是思考後的情緒。面對事物，第一種情緒較快浮現，第二種情緒需要醞釀一段時間。

如果我們很急，很容易第一種情緒就表現出來。第一種情緒通常跟壓力反應有關，可能是一個人面對壓力，或戰或逃的原始反應，常不見得太正向，強度、波動也大。

第二種情緒需要等，等理性作用之後，情緒才會慢慢熟成。這種情緒較為深沉，但較為穩定，強度會被修飾，波動也小。以這種情緒進行表達，更容易傳達清楚，也更靠近我們溝通的目的。

有一個聽來的故事是這樣的：

有位單親媽媽騎摩托車，帶著五歲的兒子到銀行辦事。媽媽自己進銀行，讓孩子先坐在摩托車上。辦完事，天空正開始下雨，只見孩子趴在摩托車座墊上，像是又在頑皮了。

媽媽罵著並大吼：「你又在搗蛋了是不是？快給我坐好！」

孩子紅了眼眶，滿腹委屈地坐正。這位媽媽，剛離開痛苦的婚姻，兒子跟先生長得一模一樣，個性也像，媽媽發現自己的情緒，常把對先生的氣憤，不知不覺放到孩子身上。

媽媽不忍又帶著餘怒地問：「你爲什麼要趴在座墊上？你知不知道這樣很危險？」

「因爲我想要不讓它（座墊）弄濕，這樣等一下媽媽坐上來褲子就不會弄濕！」孩子天真地說。

媽媽別過頭去，不敢讓孩子看見，留下眼淚，深深地自責與後悔。自己的情緒沒整理好，常讓孩子承受超過比例的負面情緒，實在是很對不起孩子。

「孩子，對不起，媽媽誤會你了……」媽媽抱著孩子。

反射性的情緒，常會帶著沒有被解決的問題。任由這種情緒蔓延，常讓我們失控，又沒什麼建設性。有時是因為我們太急，連傾聽與理解都嫌浪費時間，他人的善意也可能變成我們心中的惡意。

常整理自己的思考與情緒，謹言慎行，可以幫助自己，讓情緒更穩定，也減少自己的壓力。

New
LOLLYPOPS

當我們承受不住的時候

今天看到一則新聞，同一則新聞裡面就提到了兩位因為自我傷害致死的朋友。其中一段描述，是「……同事不敢置信……平時很開朗，今天早上還一起上班，晚間卻選擇輕生。」

我所知道的某些朋友，在很痛苦的時候，其實還是很努力地撐著。甚至表面上看起來陽光歡樂，只有在獨處的時候會不知不覺地淚流不止。

我想到最近很紅的一部日劇，精神科醫師倫太郎告訴病人：「別努力！」

走到最後一步之前，有些朋友，其實努力很久了。有時候，他們連讓自己休息，都會譴責自己，不讓自己感到輕鬆。甚至生病了，都會很害怕成為家人朋友的負擔。

所以，有一句話「自殺的人很自私」，聽在某些曾經嘗試傷害自己的朋友耳裡，情緒實在是五味雜陳。如果還有其他辦法，他們實在不想這樣做。不能這麼簡單地，把自殺跟自私兩者劃上等號。

有一件事，我想要講，就是想對處在低潮的朋友，一句當頭棒喝，就要讓他「醒」過來。這麼神奇的事，要時機恰恰好、當事人也準備好了、話的力道拿捏適中……才有可能。常有的狀況是，一句話沒有用，就好幾棒一直打，打得當事人更暈了。

傷害自己，是一種很強烈的情緒表達。很多時候，這些朋友清楚，要為家人朋友保重。只是，情緒一下子來得太強，強到他們也不知道如何是好。

我今天才跟幾位朋友聊到，我們沒辦法完全控制情緒。就好像呼吸，那是一種生理反應，不完全在我們的控制範圍。如果呼吸完全由我們的心智控制，那麼等我們睡著了，我們就會有生命危險。

我們在心智層面能影響情緒，但是情緒根植於生理。複雜的神經傳導物質與腦結構作用，以及體內賀爾蒙的起伏變化，在學理上的探究我們一直沒有停。有時候，情緒來了就是來了，擋也擋不住。特別是負面情緒，讓我們不喜歡它，於是我們在我們自己有負面情緒的時候，責備自己，這只是讓負面情緒更加重而已。

我們小時候，可能會因為有負面情緒，被大人責備。這些聲音，我們無意中內化到心裡，就開始責備我們自己。我們對於自己有負面情緒，而有深層的罪惡感，這讓我們非常不自由。

所以，各位朋友可以多對自己說：「我曾經覺得我生氣（或者難過、沮喪、內疚、焦慮……）很不應該，現在我要原諒自己，讓自己自由。」

我們遇到事情，有情緒很自然。但是我們如何回應我們的情緒，要選擇什麼行為，才是重點。給情緒一條活路，給自己一點空間。

對於還留在世上的家人，我想說，我們可以這樣想：他已經撐很久了，他為了愛他的家人朋友，努力地活了許多日子。我們能回報他的，就是照顧好自己。他很可能想由他親自照顧我們，但是他沒辦法做到，我們可以幫他這個忙。

還有，這種痛，別急著一年半載就強迫自己走出來。誠實面對自己，否認情緒，它不會就此消失。不如，我們體會彼此曾有過的愛，讓愛扶持我們一點一點站起來。

激將法

我常注意到，一個人想要另一個人關心，或者希望對方達到某些要求，有時會有意、無意地「激」對方，不見得明白表達自己的需求。像是，「你當我是死人是不是？」、「你以為擺爛就可以過關嗎？」、「有小三的人就會像你這樣！」……

我常碰到想要把人罵醒的人，通常，把人罵倒的多，但真的把人罵醒的少。

激將法本來就是需要情緒控制有一定能力的雙方，才比較可能達到目的。否則，一般來說，激將法的本質是丟出負面情緒，通常引來的也是負面情緒，常適得其反。

有些好朋友互動，關係夠，即使踩到深處也不怕引爆，用激將法互「虧」很有樂趣。不過，剛好某幾次對方的狀況不好，踩到地雷還是有可能。

最近看一位爸爸，在諷刺孩子。我心裡想著，我眼見這個孩子正在受傷，但爸爸依然跳脫不了自己的情緒，渾然不覺。孩子都已經把頭低成什麼樣了，肢體動作有時候比言語更強烈，偏偏，情緒敏感度，沒有互動一段長時間，真的不容易教會。

回過頭來看，爸爸的負面情緒，委屈的、不捨的、難受的……，那些能讓人看出他的脆弱的部分，全然以生氣表達。我心想，家裡有沒有人能夠看見，爸爸滿腔鬱悶，積在心裡，一直想要壓抑，又克制不住？

只是，爸爸的表達，讓人害怕。很容易讓人遠離，沒人敢靠近。

有時候想，我是何德何能，來做我的工作？

關係幾乎都要被打成死結，我還要摸著石頭過河，一邊搞清楚狀況，一邊嘗試著解開。面對雙輸的局面，我常不知道有沒有辦法，引發大家的力量，一起來克服難關？

接納，很重要，但是對大家都好難。我嘗試在彼此心中架一座橋，只要有人願意跨過橋去，體會一下另一個人的處境，互動就不會那麼僵，情緒就不會那樣激烈。

如果可以，試試用正面情緒去引發對方的正面情緒，就算一時沒辦法成功讓對方理解我們的要求，關係也還在。正面情緒，像支持、同理、關懷……，常在給對方力量，那麼，對方要能達到我們的要求，大致會更容易一些。

與其想著要把人罵醒，不如想著，如何讓我自己更強壯，能把對方扶起來。

別連時間都不給自己

各位朋友：

工作辛苦了，帶小孩辛苦了，學習考試辛苦了！有煩心的事嗎？帶著煩心的事，還要一邊完成例行公事，感覺大腦過熱，快要當機嗎？

煩心的事，很容易影響大腦運作的效率，讓事情出錯、關係緊繃，未來會增加更多煩心的事。可是，事情要做，生活要過，該怎麼辦呢？

請慢下來，慢下來，讓大腦降溫，多一點工作記憶的空間出來。不是每件事都要一百分，煩心的時候，先求60分，別做大決定，別隨意冒險。本來煩心的事還沒過去，又要找事來磨，這不是好事。

親愛的朋友們，當煩心事來找我們的時候，請給它時間，聽聽看它要說什麼。它常常在告訴我們，外在的變化太快，快到我們慢不下來，快到很多事都被我們忽略，快到常常覺得自己忙不完。

一次做好一件事，一件做好再換下一件。我們的腳步依然在前進，我們只是力氣不夠了，需要些時間，給自己一些時間，別連時間都不給自己。

CHAPTER 5

父母・孩子・心

少一點傲氣，多一點和氣

他一直都是乖乖牌，直到上了大學。

他在大學很活躍，除了參與社團，又多修了幾堂法律系的課，還兼家教。整個人脫胎換骨，口才辨給，回到家之後，爸爸媽媽的口頭禪「你長大就知道了！」再也壓不住他了。

他只有寒暑假回家，一回家就覺得處處不對勁，父母的處事作風越來越無法接受。很多事，他覺得對就是對，錯就是錯，錯了還為了面子惱羞成怒，擺出一副長輩的模樣，那是沒修養，讓人討厭。

剛開始還有架可以吵，吵到後來，連父母都講不過他了，只剩冷戰，他乾脆連電話都不打回家，父母打電話來也簡短幾句就掛掉。最大的衝突，是大三的時候，那年，父母希望他繼續考研究所，他希望先工作。

他覺得，自己念書這麼多年，也夠了，想出去闖闖，連父母願意出錢都沒說動他。也是大三那年，他變成社團的重要幹部，發生了一些事，讓他對自己的信心開始有些動搖。

他很有能力，大家公認。可是，他得理不饒人，做事進度逼得緊，他手下的學弟妹，幾個慢慢就有退社的打算。剛好，他的家教學生，因為不用功，被他罵到哭，家長考慮不讓他繼續教。

只看事情，不顧人情，當然事事覺得不合理。

不管他多麼看不起父母，父母願意栽培他繼續深造這點好意，他沒看進去。人與人相處要有感情，以感情為基礎，做事才能磨出默契。事情與人情，要達到些平衡，才能維繫關係，又能處理問題。

他決定，也許聽聽父母的說法，考考研究所。真的進了研究所之後，才發現人外有人，被指導教授念，叫他少一點傲氣，多一點和氣，他才恍然大悟，甘心領受。

他知道他的聰明，不能只停留在耍弄知識，而該學習通達人情事理。還好他頓悟了，能利己益人，有些聰明的年輕人，不知道什麼時候會醒？

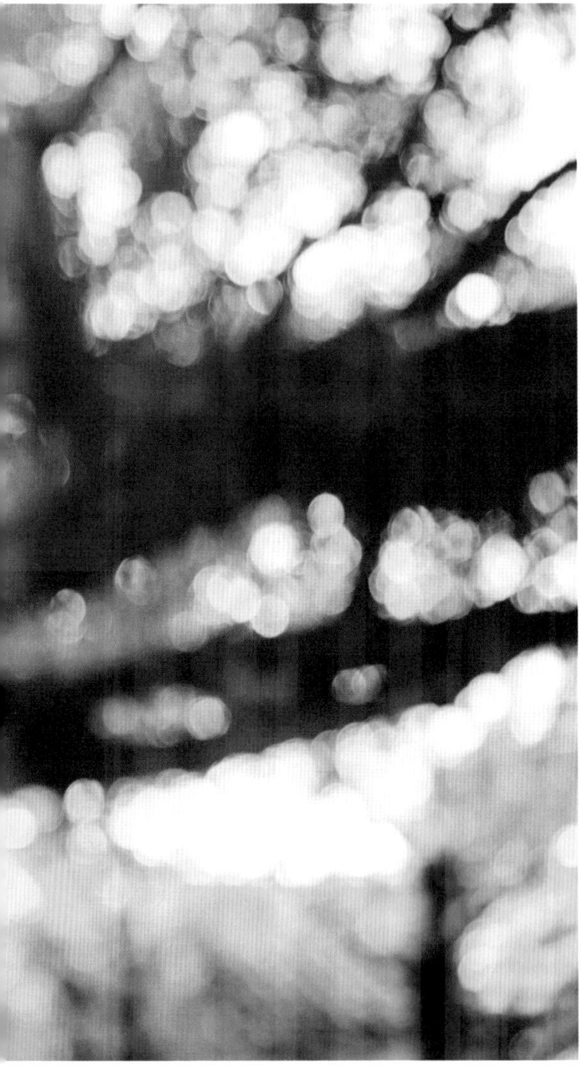

打開心結　彼此連結

跟孩子們談，大人像孩子一樣，也會講錯話，也會說氣話。然後，我們一起探討，大人曾經對孩子說過什麼太過分的話。

我們到一定的年紀之後，才有能力體會到，大人有時候跟我們說的話，並非出於本意，或者是不懂得適當的表達。可是，我們可能已經受傷許久，因為孩子很容易把大人的話當真，特別是傷害他的部分。容易覺得自己錯、自己不好，常有自我責備的內在對話。

不過，即使我們知道對方正在說氣話，但是對方說得太過分，我們還是會被傷到。只可惜，很多時候，對方改不過來，我們只能把距離拉開，不管是在物理上或心理上。

如果大人有雅量，跟自己的孩子談，自己曾經對孩子講過什麼不適當的話，那會幫助孩子很多。如果能誠心道歉，那會更好，這可以止傷療癒。更能夠讓大人自己加深印象，下次類似的話更不容易說出口。

如果我們已經長大了，想起我們的老父母，曾經跟我們講過什麼很不適當的話，我們得要認真面對，這些話到底對我們有多少影響。如果能一句一句把這些話寫下來，也許痛哭一場，這些話的殺傷力會縮小一點點，特別是提醒自己，自己已經長大，比以前堅強許多。如果真的對自己影響不大，或者已經經過自我教育，撫平了我們自己的傷痛，那可以不一定要談。

可是，我們的傷口，如果仍然隱隱作痛，我們得要把這個心結打開來，才能跟自己、跟他人進一步連結。有些人比較堅強，可以自己跟老父母把話攤開來講，獲得一個和諧的結果。但有些人心理強度不夠，或者老父母還是有可能再用難聽的話回應，那麼，就需要不斷自我教育，或者找專業人員，把這一段過去解開。

別忘了，老父母也會成長，說不定，他們一直等待一個道歉的機會，就等著我們開口。

我們常過度在乎自己的感受

再怎麼堅強的臂膀，偶爾也會需要有人拍拍他，告訴他：「謝謝你，你辛苦了！」

付出的人，容易被挑剔。一方面是我們過度在乎自己的感受，另一方面是，付出的人，會執行種種可被檢視之事，旁觀者自然有諸多意見。反而有時候沒做事的人，忙著指責做事的人，自己落得輕鬆。

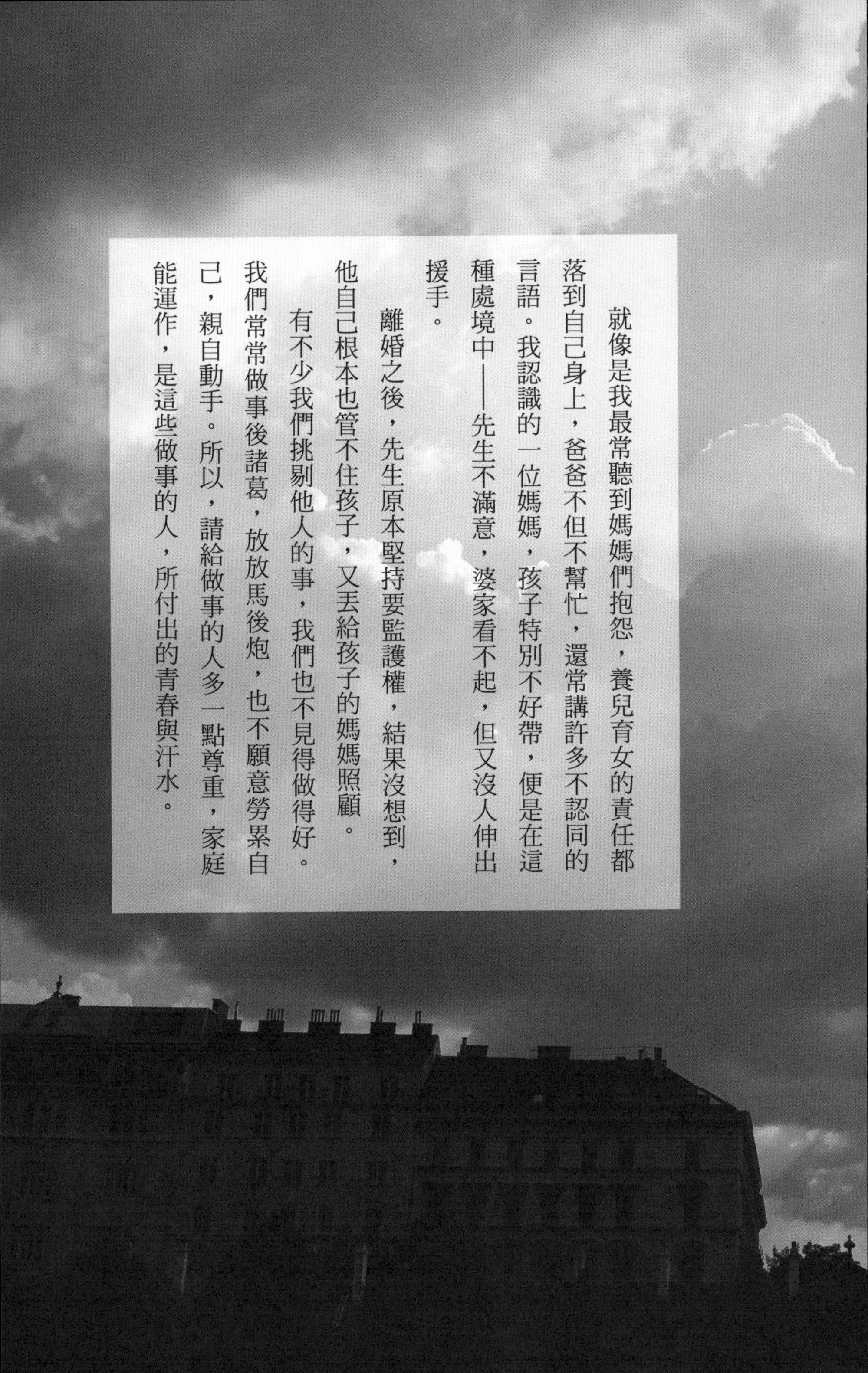

就像是我最常聽到媽媽們抱怨，養兒育女的責任都落到自己身上，爸爸不但不幫忙，還常講許多不認同的言語。我認識的一位媽媽，孩子特別不好帶，便是在這種處境中——先生不滿意，婆家看不起，但又沒人伸出援手。

離婚之後，先生原本堅持要監護權，結果沒想到，他自己根本也管不住孩子，又丟給孩子的媽媽照顧。

有不少我們挑剔他人的事，我們也不見得做得好。我們常常做事後諸葛，放放馬後炮，也不願意勞累自己，親自動手。所以，請給做事的人多一點尊重，家庭能運作，是這些做事的人，所付出的青春與汗水。

我有優點嗎？

我曾經有過一段時間，時間並沒有維持很長，有一種特殊的狀態。

那時候，只要有好事發生在我身上，我常會覺得擔憂，「是不是別人搞錯了？」、「會不會有人發現其實我沒他們想的那麼好？」……。如果遇到壞事發生在我身上，我就會難過。

我不覺得我有優點，即使好像有表現不錯的地方，我也沒自信，覺得大概有人比我好吧！還好，這段時間並不長。

現在，我還是不覺得我自己有什麼值得稱道的優點，連別人稱我「專家」，我都想閃躲。我不是真的沒自信，畢竟我很認真面對我說出口的話與建議，我只是知道，我沒比別人優秀多少。我最肯定自己的是，我願意為自己的理想不斷努力。

我們上一代，父母的教養使用打罵為手段很普遍。罵孩子罵得兇，表示有在管教孩子，有盡到父母的責任。嚴管勤教，是當時很多父母師長自勉的座右銘。

要指出孩子的缺點，予以導正，才能讓孩子走上正軌。犯小錯的時候就要糾正，將來才不會鑄成大錯。

我相信，很多父母眼中會看到孩子的好，但是真正願意說出來的、常說的，大概不多。至少，對許多父母來說，舉出孩子的缺點，比講出孩子的優點，真的容易得多。

鼓勵孩子有技巧，重點在真實不誇大，具體指出孩子的作為對他有怎麼樣的好處。我常鼓勵孩子，我喜歡看孩子一次又一次地獲得成功經驗，然後內化我對他的肯定。

因為我知道，有些人，沒有父母的肯定，自己有再多優點，也覺得空虛。其實，優點也不在多，真正能讓人活在這個社會上的，也就是把自己的幾個優點，扎扎實實地發揮出來罷了！

我們是靠「會的」過生活，花過多精力在修補自己「不會的」，反而對生活助益不大。我感謝各位朋友對我的肯定，這對我很重要，是我繼續努力的動力。

如果，我們都能一起來鼓勵下一代，讓他們好好發揮他們的優點，貢獻社會，而不受目前謾罵成風的風氣擊垮，不知道該有多好……

拐彎抹角的溝通

停止溝通，是關係破裂的原因，也是結果。然而，根據我的經驗，停止溝通之前，有一種狀態，我且稱之為拐彎抹角的溝通。

有些朋友，我聽他講話實在痛苦，或者說是替他痛苦。講白一點，寧可花許多心力遮掩、迴避，甚至說謊、捏造，極力維護自己的自尊，也不願意正視問題，特別是他自己的問題。因為他不面對，他自己的情緒就很難好起來，甚至是家人的情緒也跟著賠下去。

我覺得溝通的目的，不是一定要誰認錯，不是誰要把誰的自尊踩在腳下。而是把問題解決，讓大家好過一點。解決問題其實也不完全是重點，因為有些問題很難解決，有時候，能提出建設性的替代性作法也好。或者，退到最後來談，大家都有共識就好，知道大家都盡力了，人的能力有限，最好只能做到這樣。然後，讓大家能前進，繼續生活。

有些時候，我看到溝通卡住了，大家都動彈不得，消耗了許多精力在裡面。我常在想，如果這關能過，當事人成長了，家人解脫了，不是很好嗎？

我把實際的狀況稍微改一下，舉個例子。有位爸爸，有監控孩子隱私的習慣，包括：聽家用電話、查看電腦與手機、翻看包包……等。但是由於孩子長大了，強力抗議，爸爸便在表面上答應，但私底下還是照樣進行。

孩子在我面前挑明著講，希望爸爸停止這樣的行動。但是爸爸顧左右而言他，堅決否認，還拿出很多不相干的理由，說其實孩子也沒有了解他，也不尊重他。打迷糊仗、翻舊帳，邏輯不通、越講越遠，情緒越來越激動。

孩子對著我攤攤手：「你看，這樣是要怎麼溝通？」

這樣實在很累，交談都難有焦點。沒辦法聚焦，其他事情就很不容易談下去，會受到這件事影響。對孩子來說，因為這股積累已久的氣，就盡可能不講跟自己有關的事。對爸爸來說，孩子不講，他越想知道，就更是有一些不尊重孩子舉動的作法。

因為一個點，失去了一個面。溝通就是吵架，爸爸就是要用同一套邏輯來講，講得孩子很對不起他，所以要聽他的話。

唉……否定一個大家都顯而易見的事實，就會讓大家沒有信心就其他事實討論。爸爸一心想避開這個話題，拐彎抹角地好像道了歉，又很像義正嚴詞，只會讓大家都生氣，情緒又沒出口。

問孩子眼前的父親節要怎麼過，孩子說：「不吵架就不錯了，只能當成沒這回事！」

爸爸回說：「等你以後當爸爸的時候就知道了！」

媽媽則有點沒好氣地說：「現在就出問題了，是要等到多久以後……」

私底下，孩子會跟我分享，不知道為什麼，他常覺得自己有錯，好像不該這樣堅持，爸爸養他們也付出不少。可是，爸爸常把很多事混在一起講，事情常搞在一起，跟爸爸講定的事情他又不認帳，凡事都照他的方式解釋，講難聽一點，就是硬拗。

如果不是爸爸這樣，他不會情緒這麼錯亂。在學校跟朋友也會不高興，但把事情搞清楚就好，講開就好。偏偏爸爸就是這樣不清不楚的，有時候，明知道好像對爸爸生氣不太應該，可是看到他就是會忍不住想生氣。

所以，他會避開他爸，也是因為不想起衝突。他只能做到這樣，其他還能怎麼做，他不知道。

換作是我，我也不知道該怎麼當這樣的孩子。我就算沒做什麼壞事，我也很不希望我爸這樣探我的隱私，不太舒服。可是，資源都在爸爸手上，我很多事都要經過爸爸同意，只能忍氣吞聲地在家裡過生活。

以爸爸來說，坦承自己的行為，說明自己的擔心，還會比否認一個大家都知道的事實來得好一些。最好當然是自己的行為，能獲得孩子的認同。如果不行，起碼也要讓孩子清楚，對爸爸來說，為什麼覺得這樣的行為有必要？

然後，孩子就算不同意，不必把其他事扯進來，不是非得要弄到孩子願意認同不可。把事理清楚，一件一件來談，我們再透過其他的事，來跟孩子建立關係，讓孩子感受到我們的關心，孩子也不會那麼不好過。

翻舊帳對夫妻關係不好，對親子關係好處也不大。那種感覺，好像做了一次錯

事，就要一輩子被拿出來提，好像以後怎麼做都沒辦法彌補，過去的事就好像枷鎖，永遠背在背上，等吵架的時候就會拿出來再用一遍。

父親節，剛好颱風天。有時候，我們退一萬步想，父親節當父親的，實在不見得得非要快樂不可，好像不快樂就是不應該的狀態。這時候，家人都在，自己還有能力繼續付出，我們就可以試著珍惜與感恩了。

我是受害者

在我們很小的時候，我們被欺負了，只覺得不舒服，根本搞不懂「欺負」、「霸凌」或「虐待」是怎麼一回事。等到我們夠大了，終於搞清楚什麼情況下，自己被欺負了，累積一段時間之後，我們開始就會有受害者心態。

在某些特殊的狀況下，是周邊的大人，不斷向我們展示受害者姿態。我們不知不覺地認同，讓受害者心態，被傳承下來。

我們如果從小常被如此對待，時日一久，一朝被蛇咬，十年怕草繩。對世界的觀感不會太正面，很容易以為自己又被欺負了，又陷入過去的處境了！其實，可能別人根本沒有這種意思，或可能是我們自己誇張了某些感受，覺得自己是十足的受害者。

因此，有時別人不經意地開玩笑，有受害者心態的人，可能沒有辦法區分，可能誤以為自己被嘲笑。有些理解力比較弱的人，因為沒有辦法搞清楚別人的意思，所以產生誤會，會懷疑自己是不是被作弄?!

另外，有觸覺敏感的人，容易覺得別人打他；聽覺敏感的人，容易覺得別人笑他、罵他；怕人家眼神的人，可能就會覺得別人瞪他了……

最後，因為當受害者可以得到同情，漸漸地，講話中就很容易表現出「我是受害者」的基調，因為他人可能剛開始會因此產生比較正面的互動。而有受害者心態的人，還是非常渴望跟人有友善的互動！

遇到這樣的人，或者我們就是這樣的人，這實在不用大驚小怪。不需要以泛道德的角度來看這個現象，像是在心裡批評藉由受害者的角色來獲得同情很不應該，其實能幫助這樣的人解決問題才是重點。

當有受害者心態的人講話，我們同理，我們包容，我們跟他內在那個覺得自己委屈的小孩對話。內在小孩發洩完自己的情緒，不要急著跳出來想要解決問題。問問內在小孩，「那你這樣被欺負了，在當時可以該怎麼辦？」然後告訴他，「有時候，即使大人也沒有最好的答案，或者，有時候大人自己遇到了，也只能忍耐！」

讓內在小孩擺脫被遺棄的感受，讓內在小孩知道，有許多人長大的過程，也是這樣承受，也懂他的痛。或許，藉此內在小孩的悲傷得以釋放，甚至滋長正面的能量，重新自我賦能，重新認識自己其實也很有力量。

原來，受害者長大之後，有能力打開牢籠，自己走出來。然後，會發現除了受害者角色之外，用其他的角色看世界，會看到更多精采。

還有，要小心，受害者角色會被投射。像是父母有受害者心態，就會過度擔心孩子常常被欺負，一聽到又有衝突發生，就又以為孩子受到什麼冤屈了！

人成長的過程，或多或少都帶著傷。有些人或許天生脆弱，有些人或許承受的傷太重，有些人或許默默接受了受害者角色的指派，因此無法自力從過去的傷痛離開。

責怪，不管是責怪自己，或者責怪他人，常常不是最好的答案！

專心地陪自己

其實，現代的父母，要專心地陪孩子，很不容易。事情太多，先別提忙碌的工作，即使在家裡，操持家務、讓家庭能有基本的運作，就不太可能多專注地陪伴孩子了，頂多使用零碎的空檔時間。

我常四處觀察親子互動，大部分的大人，在跟孩子互動的時候，還是常忍不住下指令。如果是要求行為規範的部分，可以理解，但是大人對於孩子如何玩，也常有意見。除非，大人彼此在聊天，或者自己用手機上網，那雖然沒有干涉孩子，但也說不上陪伴孩子。

再進一步來說，我們有沒有專心地陪自己？

曾經一位主持人問我：「要怎麼『靜』下來？」

也許，她期待我談打坐、數息這樣的動作。我卻回應她，每個人都不一樣，有些人散步就可以，有些人摺衣服也行，或者在部落格、臉書寫下心情日記，讓情緒與思考自然湧現，不加壓抑，再讓這些紛亂的情緒與思考，自然退去。

也許，我說得太生活化，沒有爆點，主持人聽了我的回應，口頭沒表示什麼，連表情都沒變化，繼續開新的話題詢問。事實上，大部分的人，也不見得能完整地經過這個歷程，即使做了同樣的動作。很多人在思考與情緒開始紛亂的時候，就會先採取轉移注意力的方式，打斷自己靜心的過程。

靜下來，就可能會產生某些自我對話，就可能在情緒方面更敏銳，就可能有些微弱的聲音，終於被聽得清楚，開始有能力指引自己的行為。如果靜不下來，容易盲動亂竄，惶惶終日，過得不知不覺。

父母能靜下來，才能幫助孩子靜下來。能專心地陪自己，也才能專心地陪孩子。

我想到一個孩子，情緒起伏波動很大，父母雖然想陪，但不自覺地常出現壓制的舉動。然而，我相信，父母被孩子引發的情緒，如果能處在靜定，自然在陪伴孩子方面，能更深更久遠，讓自己的靜定感染孩子，讓孩子也縮小自己的情緒擺盪幅度。

如果我們真的不知道怎麼幫忙孩子，請試著專心地陪孩子。別說一個禮拜，能有一天，就能感覺其中的不容易。然而，真的夠專心，一天就能感受到關係的變化。

孩子不見得要走你的路

如果你的人生很成功，你的孩子也不見得要跟你走同樣的路，因為成功不只有一條路。如果你的人生很失敗，你的孩子也不必然要完全避開，因為失敗也可能有它的價值。

說到底，成功與失敗的定義其實很模糊。社會常以收入與地位來定義，可是多少所謂成功的人，家庭失和，或者到最後受人唾棄；所謂失敗的人，說不定常常回家就可以看到家人，至少擁有彼此。

成功與失敗是主觀感受，常存在於心理層面。別以為物質就能定義一切，最富有不見得最快樂。整個人生常要用心靈層面來觀照，能豁達知足，那麼常樂寧靜。

到底是誰害的

你的前半生，都聽媽媽的話。可是，媽媽不是你，沒讓你有機會做決定，又沒做出適合你的決定。就這樣，你把所有不如意，怪罪到媽媽身上。

雖然媽媽採取了傳統的觀點，事事插手，自信她才能做出對你好的決定。然而，媽媽的觀念，用在現代多元而複雜的社會，可能有些勉強了。很多新的職業與科系媽媽不熟，屬於現代做事的方式媽媽也不太懂了。

媽媽固然有她需要再深思的地方，不過，儘管如此，已經成年的你，並不是完全沒有責任。人一出生，就要為自己負責，年紀越大，所負的責任越多。人生是自己過，跟自己有關的決定如果都讓別人做，即便這個「別人」是親近的家人，不管以後是甘是苦，大部分還是自己要承受。

你埋怨，自己做了乖小孩，結果因此受苦。縱然如此，難道，要這樣繼續下去嗎？從現在開始，繼續責怪媽媽有用嗎？繼續自暴自棄，想讓媽媽愧疚自責，透過這樣的方式提出最深沉的抗議，有用嗎？

想要用自己一輩子的失敗，來證明父母對待自己的錯誤，這對誰都沒好處。往者已矣，沒把自己的責任提起來，那就是準備繼續放下了。

「難道現在這樣，是我造成的嗎？到底是誰害的，害我變成這樣了？為什麼現在還要我負責任，好像是我的錯一樣?!」

過去種種，媽媽要負起部分責任。但是，不管我們如何不甘心，拿了一手爛牌，那出牌的人，也只能是我們自己了。

有了自覺，辛苦正開始。已經成年了，才要試著一點一點拿回本來屬於自己的責任，自然不習慣。如果因此，還想要藉著責怪，再把責任丟回給父母，那是你的決定。

不過，這是逃不掉的。此刻開始，如果你還一直選擇活在自怨自艾的世界裡，又不願意努力走出去，不要懷疑，害你自己最大的共犯，就是你！

給小時候的自己一點鼓勵

「朱德庸說，當他知道自己患有亞斯伯格症後，……他想回到過去抱一抱小時候的自己，『給他一點鼓勵！』」

我跟孩子們相處了一段時間，以前，這個社會連相關的名詞都很少出現。沒想到，最近這幾年，願意接受自己脆弱面的名人，越來越多，讓我越來越有教材，鼓勵孩子們，讓他們也藉著這些勇敢大人的示範，接納自己的脆弱，讓自己能活得更輕鬆一點。

有些人，把住在台灣的人，形容得很壞，用政治撕裂大家的情感，讓大家常用負面的方式，去解讀彼此的行為動機。然而，在我的領域裡面，我看到我們越來越能包容有特殊困難的孩子，甚至是大人，我覺得這個社會雖然比較亂，但有進步，能吸收更多的知識，了解與接納人與人之間的不同。

朱德庸先生，因為找到了「亞斯伯格症」這個名詞，解釋他辛苦過去的方式，讓他「鬆了一大口氣」。非常恭喜！這很類似許多人在跌跌撞撞之後，因為一個診斷名詞，這個名詞告訴他，不需要再責怪自己，而頓時感覺放下了什麼的心情。

可是，大部分人的辛苦過去，都可以用簡單的名詞來解釋嗎？即使找不到這個名詞，仍然還要繼續責怪自己嗎？

我們做錯事了，要反省，能改則改。不能改，或改不過來，也沒有人幫忙，那就繼續發揮自己的優勢，貢獻這個社會，這也是不錯的選擇。如果責怪自己，一點好處都沒有，反而讓自己意志消沉，甚至造成了親人好友的負擔。那這樣的責怪，只要能放下，就會對身邊關心我們的親友，有些貢獻。

對我來說，當人主動面對自己的脆弱面，我常常看到的是勇氣，而不是懦弱。看清楚脆弱，直視著它，常常當下不太舒服，可是，我們也才有機會，多一些時間去沉澱，到底我們有沒有機會，改善我們的脆弱，還是要找另一條路，繞道而行。

以亞斯伯格症來說，有許多先天設定的困難，要花許多時間，才能有一點點的改善，雖然只有一點點，也該嘗試看看。但是，在大部分的情況下，要同時選擇繞道而行，要生存，就要找到活路，繞道不是逃避，那是一種積極的選擇，讓自己有能力改善自己的生活，甚至改善整個家庭的處境。

撞到牆壁，不是只有翻牆跨越，才是勇者。很多高牆聳立，超出我們能力範圍許多。我們常常要退一大步，看清左右，試幾條不熟悉的小徑，才有機會到達彼岸。

那退步，是為了向前。那退步，同時要有勇氣與智慧。

我喜歡講不同主題的內容，最近一次談「做家事」，上一次談「跟孩子和好」，再上一次談「紓壓」，再上上次談「當自己的好朋友」，再上上上次談「自閉症與亞斯伯格症」……。我喜歡使用負面情緒，來幫助我自己成長。

每次演講前，對我來說，絕對不是信心滿滿的狀態。我常會聽到一些我心裡的聲音，「還不夠好」、「不夠深入」、「很難吸引人」、「沒有新意」……

有時候，這些聲音會折磨得我睡不著覺，整夜的腦海中都繞著跟演講有關的事。起床的第一件事，常常就是再去修改我的簡報，有時候一個晚上會起床兩到三次。

然後，有時候講得讓我自己滿意，但是有些時候，我覺得我沒有做到我自己的期待。我是我自己的批判者，有時候非常嚴格，好像另一個我，對著我臭著一張臉，還要往我的手臂擰下去的感覺。

儘管如此，我並沒有停下我的腳步。我還是不斷地延伸我的專業，接受新的挑戰。如果人心是我不變的研究對象，那大概我的挑戰沒有結束的一天。

我也同時喜歡我的成長，我也沒忘記把我的優點保留下來，把我會的東西，回饋給大家。不管我們對我們自己多不滿意，都不是阻止我們向前走的理由。就像朱德庸先生，不擅社交，但用繪畫表達自己。

要走，才找得到活路。

然後，責怪自己難免。但是等到自己更有力量之後，別忘記回過頭來抱抱年輕的自己，告訴年輕的我們：「你沒有白白被責怪，謝謝你幫我承受了這些，現在的我更好了！」

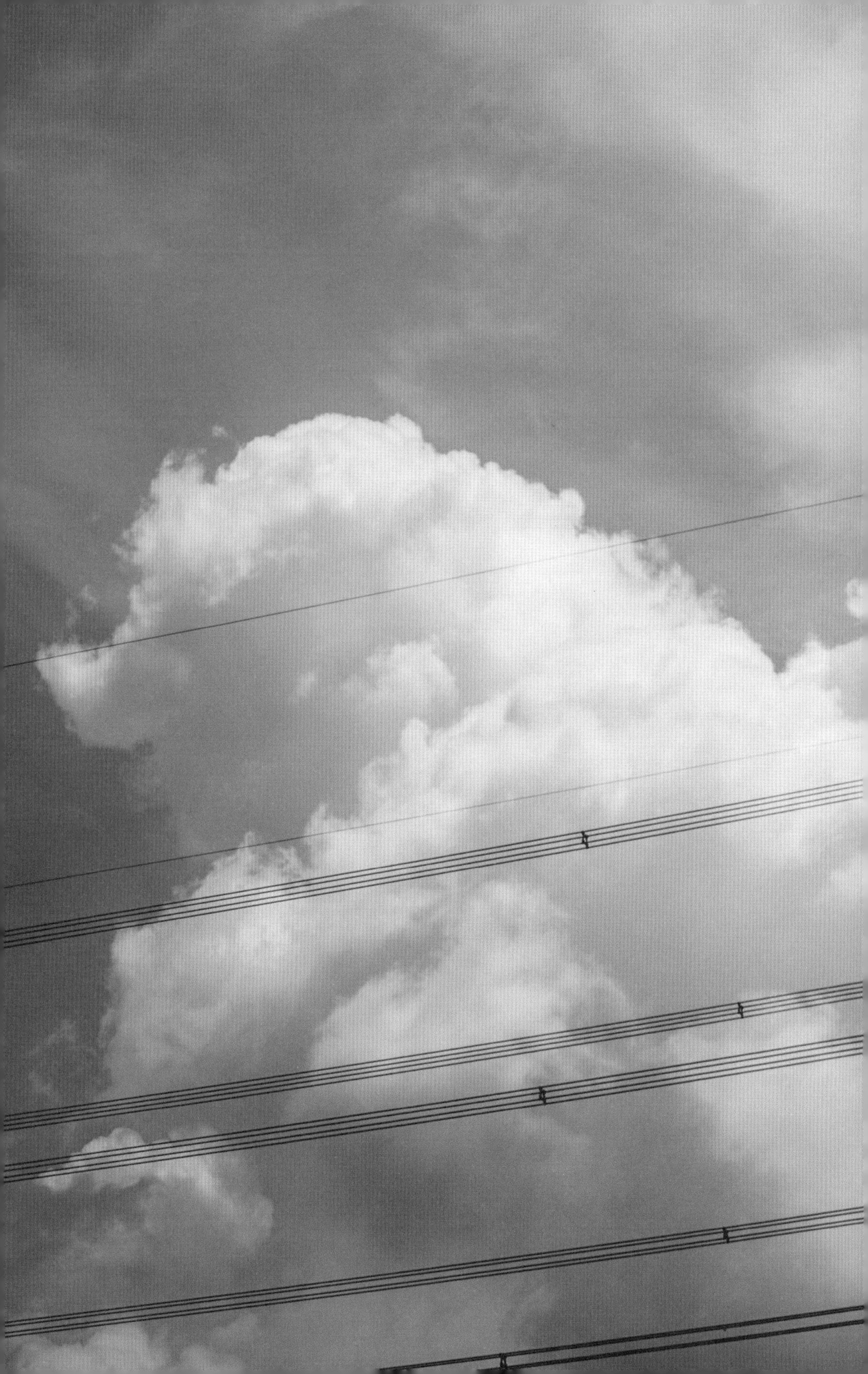

愛或許可以無條件，但生活就是有條件

年輕人覺得，父母該支持他。他覺得長這麼大，沒感覺到被無條件的愛。

我該怎麼說呢?!接納一個人，並不代表要順從他。父母可以接納自己的孩子，但並不能夠事事順著孩子。親子之愛，常源自於天性，大致說來，並不見得有特定的條件。

然而，有些父母，把愛與生活混在一起。所以為了生活，或者為了自己無法靠自己滿足的慾望，只能表現出有條件的愛。只有相對少數的父母，能夠很自然地展現幾近無條件的愛。

即使如此，自知無條件愛著孩子的父母，也需要考量到現實生活，要求還是會要求，慾望還是要幫孩子節制。每個家庭成員都值得被愛，爸爸、媽媽、兒子、女兒、阿公、阿嬤……都有被愛的權利，這權利，不只是哪一個人獨有。

不能把愛跟物質劃上等號，用愛來要脅自己的父母，一定要提供給自己超過家庭能負荷的物質生活，那便很接近勒索了。這不是愛不愛的問題，是現實生活就是如此，為人父母也不能隨意為他個人，花用家裡大部分的金錢，因為這樣沒辦法維持一個家。

靠自己的力量賺來的物質生活，會很甜美，也會讓父母欣慰。可是，一直要父母供給他物質的生活，存心依賴，自己又不想要努力，別說社會會給予負面評價，對一個人本身的心理健康來說，也不見得是好事。

也許，父母從小到大，真的沒給他足夠的愛。不過，自己長得越大，就要越懂得愛自己，要懂得幫助自己長大。

自己的人生自己救。靠父母只能一時，靠自己才可以一輩子。

請原諒我

「我們無法原諒別人或是原諒自己的主因，其實就是我們渴望事情有不同的結果。但是在現實生活中，我們不管怎樣就是不能回到過去，也無力改變已經發生的事。」

——伊麗莎白．隆巴多《你比自己想的更完美》

這一段實在寫得好。當錯誤或失敗已成事實，我們如果沒把遺憾放下，就是準備拖著它繼續往前走，讓它阻礙我們的步伐，然後到處都看得到遺憾的影子。

常常沒辦法原諒自己的家長，特別容易在孩子犯錯的時候，不原諒他。然後，以撤回對孩子的愛為手段，漠視孩子、冷戰，讓孩子因為怕失去愛而屈服。在這種情況下屈服而滿口承諾不再犯的孩子，他可能根本無法深入思考犯錯的原因，而滿腦子都被恐懼佔領。

事實上，常沒辦法原諒自己的家長，也可能好怕好怕失去別人的愛。或許，也因此藉由不原諒對方，來測試對方對自己的愛，是否依然存在。只是，這樣的測試會傷害關係的本質，只要對方累了，不再接受這樣的測試，那麼失去愛的恐懼就會成真。

原諒，同時是為了自己，以及為了他人。原諒不代表認同，只是理解，只是放下，只是不再用遺憾來折磨自己。

讚美在傳達一種正面的態度

媽媽對孩子說：「你怎麼這麼棒，下次還會再更棒，對不對？」

旁人可以輕易讀出，媽媽的言不由衷。媽媽把指責改成了讚美，但不變的是，對孩子濃濃的期待，以及媽媽的內心話——其實這次不夠好，還達不到媽媽設定的標準。

社會越文明，對人的要求好像就越多，包括新時代的父母。已經想盡辦法，扭轉上一代以打罵為主的教養方式，沒想到，拚命的讚美孩子，也有錯？

對我來說，技巧常常在皮毛，沒有深入到內裡，久了就會變了模樣——像是讚美，又像是某種隱性的責備。

我們換個方式說，我喜歡讚美孩子，當他為自己努力的時候，我替他高興。就像是我對我自己付出努力，不管結果如何，我感謝我自己的付出。如此，才能持續有動力，做出與時俱進的調整，至於結果，很多跟運氣與時勢有關，我掌控不到，我只能掌控我自己努力了沒！

我讚美孩子，是因為孩子替自己高興，我也感染了孩子的高興。我鼓勵跟讚美孩子，我有我的期待的方向，但我不會忘了，讓孩子知道他有其他的選擇——即使跟我預期的不一樣。

我想到《當幸福來敲門》裡面的兩段話：

「嘿，別讓任何人告訴你，你不能做什麼，就算是我也一樣，好嗎？」

「如果你有夢想，就要好好保護它。別人辦不到，就會說你也辦不到，如果你想要什麼，就設法去追求，就這樣。」

父母親要能對孩子講出這樣的話，這需要多大的胸襟。我沒辦法完全做到，有

很多危險的事，我還是會直接跟孩子說不能做。不過，我會盡可能告訴孩子，還「可以做」什麼，而不只是一直重複「不能做」什麼。

態度建立了，真心讚美孩子，才能幫助孩子一直感覺到有努力的動力。條件式的讚美，最深層的壓力是，「我怕我哪一天，做不到之後，會失去你的愛！」

讚美的最後，就是在傳達一種正面的態度，更深一點來說，是在表達我們對孩子的愛。我愛你，因為你是你，這樣的愛，讓人自由。幫助孩子成為一個如其所是的個體，比訓練孩子成為一個聽話的機器人，會有趣得多。

當你討厭我的時候，我還會愛你嗎？

我幫孩子買他喜歡吃的東西，等了有好一會兒，孩子坐在遠處等。他突然跑過來拉著我說：「我要跟你說話！」

我習慣性地蹲下來跟他同高，這是我常見的傾聽預備姿勢，他說：「你說『我愛你』！」

我有點搞不清楚狀況，但這句話不難，也是實情。我說：「我愛你！」

他興高采烈地說：「我更愛你！」

我高興地抱他起來轉圈圈，旁人都側目。後來確認，這是他自發性的新詞，還自己鋪哏、寫劇本、指導演員，然後自導自演，事先沒經過彩排。

我的文字，跟我的人，有相當大的落差。我很少說「愛」這個字，即使對孩子，也只偶一為之，真的感覺夠滿才會出口，「喜歡」、「想念」倒是常說。所以，他主動「示愛」，算是心意滿滿，大致不會是我盛情難卻下的尷尬回應。

孩子很快就注意其他的新鮮東西，走出情緒。我這個自作多情的大人，還留在粉紅色的甜蜜裡，捨不得讓這樣的心情散去。然而，我想起一句話：「我這麼愛你，那麼，等我失去你的時候，我該怎麼辦？」

為什麼，我腦中馬上會出現這樣煞風景的話？

那實在是因為，當我面對家庭的時候，看著陷入僵局的親子、夫妻、手足，追究著根源到底，都還是會看見愛。那麼，只是互相討厭而已嗎？互相討厭，還可以愛對方嗎？

這就要回到一個很老的問題上了，「喜歡」跟「愛」之間到底有什麼差別？

我記得有心理學家這樣定義：喜歡，是想要跟對方互動；愛，則會帶著信任的特徵。

套用到互動陷入僵局的家庭關係來說，也許我們這樣看：即使我不想跟你互動，但我還是在某種程度上信任你。也許，是信任你不會對我做很不好的事，信任你不會突然絕情地背棄我，信任你還是會照顧我……

那麼，我便有了這樣的信心：孩子，不管是你討厭我，還是我討厭你，我還是會愛你。

然而，在情感上，我固然愛著孩子。但在行為上，孩子對我的感受，我需要尊重並回應。他討厭我，我就少回應些；他喜歡我，我便多跟他親近。

然後，我也會讓他知道，我也會討厭孩子某些行為，也許當孩子執行某些行為的當下，我會不想接近他。但無論如何，我只是在整理自己的情緒，這一切，都不會影響到我對他的愛。

我還是想要重提之前《跟自己和好》書上已經引用過的字句，跟各位朋友一起勉勵。那是〈我想到達的境地〉，家族治療大師維琴尼亞・薩提爾所寫：

「我想要愛你，而不會緊抓著你；
欣賞你，而不帶任何評斷；
與你同在，而沒有任何侵犯；

邀請你，而不強制要求；
離開你，而不會有愧疚；
指正你，而非責備；
並且，幫助你，而不讓你感覺被侮辱。
如果，我也能從你那裡獲得相同的對待，
那麼，我們就能眞誠地會心，
然後，豐潤彼此。」

如果我真的能跟孩子進入這樣的關係，那麼，我跟孩子就算有那麼一段時間，非常討厭彼此，我也能相信，愛還在我們之間轉動。

謝謝你知道我愛你

在關係中，面對愛，接受愛，學習愛，放下愛。

作　者　洪仲清
主　編　蔡曉玲
行銷主任　高芸珮
美術設計　Joseph
攝　影　太陽的情書影像 LLFTS Photography
梳化造型　陳菲菲

發行人 王榮文
出版發行　遠流出版事業股份有限公司
地址　臺北市南昌路2段81號6樓
客服電話　02-2392-6899
傳真　02-2392-6658
郵撥　0189456-1
著作權顧問　蕭雄淋律師

2015年 9 月 1 日　初版一刷
2017年 9 月 5 日　初版十五刷
定價　新台幣300元（如有缺頁或破損，請寄回更換）

ISBN　978-957-32-7699-9
遠流博識網　http://www.ylib.com
E-mail: ylib@ylib.com

國家圖書館出版品預行編目 (CIP) 資料

謝謝你知道我愛你：在關係中，面對愛，接受愛，
學習愛，放下愛 / 洪仲清著 . -- 初版 . -- 臺北市：
遠流，2015.09　面；　公分
ISBN 978-957-32-7699-9(平裝)
1. 愛 2. 生活指導
199.8　　　　104015639